Maria Eder

Schluss mit dem Betrug!

Eine Bankangestellte packt aus

Maria Eder

Schluss mit dem Betrug!

Eine Bankangestellte packt aus

Droemer

Dieses Buch schildert die eigenen Erfahrungen und Erinnerungen der Autorin – es sind aber im Zuge der Recherche auch Erlebnisse Dritter eingeflossen. Mag sich die eine oder andere Begebenheit auch tatsächlich anders zugetragen haben, so sind doch alle Schilderungen, Vorkommnisse und Dialoge im Buch an die Wirklichkeit angelehnt oder hätten sich so zutragen können und basieren auf Unterlagen, Erinnerungen der Beteiligten und Gesprächen mit Betroffenen.

Besuchen Sie uns im Internet:
www.droemer.de

FSC
www.fsc.org
MIX
Papier aus verantwortungsvollen Quellen
FSC® C006701

Satz: Adobe InDesign im Verlag
Druck und Bindung: CPI – Ebner & Spiegel, Ulm
Printed in Germany
ISBN 978-3-426-27555-9

2 4 5 3 1

Inhalt

Prolog

»Wo bleibt Frau Reichenbach? Die Frau mit den vielen Mietshäusern?«

Als ob es notwendig gewesen wäre, den Satz nachzuschieben. Jeder kannte Therese Reichenbach, wohlhabende Hausbesitzerin – und eine der besten Kundinnen des Chefs. Jedes halbe Jahr wurden bei ihr irgendwelche Anlagen fällig, die wieder angelegt werden mussten, und zwar keine geringfügige Summe.

»Ich habe gerade ein perfektes Produkt für sie, das kann sie doch nicht einfach ignorieren. So ein lukratives Angebot. Nicht einmal ans Telefon geht sie.« Empört blickte uns der Zweigstellenleiter an, als ob wir die Schuldigen wären, die sie vergrault hätten. Dabei hatte man ihr schon bei den letzten Besuchen in der Bank angemerkt, wie hinfällig sie geworden war.

»Wir haben sie auch seit Monaten nicht mehr gesehen«, sagte einer der Bankmitarbeiter. Was er nicht sagte, war, dass eines Tages ihr Sohn in die Bank gekommen war, um der Stellvertreterin unseres Filialleiters – er selbst war in Urlaub – mitzuteilen, seine Mutter würde nicht mehr das Haus verlassen, würde sich verbarrikadieren, fast wie ein Messie leben. Sie hätte geistig rapide abgebaut, jetzt müsste er erst mal sehen, wo alle ihre Papiere seien, und dann weitere Schritte für eine Entmündigung vornehmen. Er wüsste nicht einmal, ob sie überhaupt noch in ihrer Wohnung bleiben könne. Schön wäre das schon, es sei doch ihr eigenes Haus, und wer wolle bei einem solchen Besitz plötzlich in einer fremden Umgebung leben. Doch unabhängig davon, möge man von weiteren Anlagen doch bitte Abstand nehmen. Es sei an der Zeit, andere Pläne für die Mutter zu entwickeln. Anscheinend hatte die Stellvertreterin dies nur uns kommuniziert, nicht aber ihrem Vorgesetzten.

Wir alle dachten dasselbe: Hoffentlich lebt sie noch. Vielleicht konnte sie zu Hause betreut und gepflegt werden, vielleicht musste sie nicht in einem Heim untergebracht werden. Wir dachten aber auch: Konnte er die alte Frau nicht in Frieden lassen mit seinen ewigen Produkten? Die Dame war fünfundachtzig oder sogar älter, noch dazu offensichtlich gesundheitlich nicht in der besten Verfassung. Was sollte sie bloß mit Zertifikaten oder anderen strukturierten Papieren anfangen, die eine Laufzeit von fünf oder gar zehn Jahren hatten? Mein Großvater war neunundneunzig, aber das war eine Ausnahme. Genauso absurd wäre es, wenn man ihm einen Fonds mit mehrjähriger Laufzeit andrehen wollte. Irgendwann musste doch Schluss sein. Oder ging es einfach nur darum, Geld anzulegen? Alles andere nebensächlich. Person. Alter. Wünsche. Wahnsinn wäre das.

Aber es schien tatsächlich so: Die Bank hatte eine neue Wertanlage, die in großen Mengen aufgelegt war, und die musste nun unter die Leute gebracht werden. Sprich: unter die Sparer. Die Suche nach neuen Opfern hatte begonnen. Und die fing gezielt dort an, wo man wusste, diese oder jene Person hat Geld – wie Therese Reichenbach.

»Ich werde sie persönlich aufsuchen. Für den Kunden tun wir ja alles.« Herr Mädler, unser Chef, gab nicht auf.

Mir drehte sich der Magen um. Wollte er der alten Frau noch zumuten, ihn möglicherweise wie einen Staubsaugervertreter abwimmeln zu müssen? Oder wie jemanden aus einer Drückerkolonne, der von Haus zu Haus ging, um mit größter Hartnäckigkeit und verqueren Argumenten Zeitschriftenabos loszuwerden? Er wollte.

»Hat er das schon öfter gemacht?«, fragte ich meine Kollegen.

»Ja«, antwortete man mir unisono. »Er denkt, dass es die Kunden beeindruckt, wenn er persönlich vor der Haustür steht. Sie haben dann das Gefühl, *ihre* Bank würde sogar nach Hause kommen, leibhaftig, und nicht nur übers Internet.«

Ich konnte nur den Kopf schütteln, ich hätte von niemandem, der so aufdringlich ist, etwas abgekauft, schon gar nicht an der Haustür. Dafür hatten wir doch unsere Büroräume, waren ein seriöses Unternehmen.

Der folgende Donnerstag war anscheinend der geeignete Tag, um Therese Reichenbach einen Besuch abzustatten, so hatte es jedenfalls mein Chef befunden und zuvor lautstark verkündet. Dass er tatsächlich bei ihr gewesen war, konnten wir daran erkennen, dass er am Freitag, in unserer üblichen Morgenbesprechung, bester Laune verkündete:

»Ha, sie hat doch glatt unterschrieben.«

»Konnte sie das denn noch?«, fragte Julia, eine Mitarbeiterin. Nach den uns bekannten Schilderungen ihres Sohns hätten wir das alle gern gewusst.

»Es lief alles ordentlich ab. Ich habe die Unterschrift, alles andere interessiert mich nicht.«

Natürlich war nichts in Ordnung, wie sich später herausstellte. Am Montag kam der Sohn von Therese Reichenbach in der Bank vorbei, vollkommen aufgebracht wollte er unseren Filialleiter sprechen. Er redete so laut, dass wir es trotz geschlossener Bürotür nicht ignorieren konnten.

»Was haben Sie mit meiner Mutter gemacht?«, rief er empört. »Zwei Tage nachdem Sie da waren, mussten wir sie in ein Pflegeheim einliefern lassen. Sie konnte sich nicht einmal mehr in ihrer eigenen Wohnung orientieren, das konnte Ihnen doch nicht entgangen sein. Schon als Sie da waren, kümmerte sich eine Pflegerin Tag und Nacht um meine Mutter. Diese Frau sagte mir, dass sie Ihnen den Zustand meiner Mutter erklärt hätte. Sie hätte Sie auch gebeten, doch das Haus zu verlassen, da es ein sehr ungünstiger Zeitpunkt sei. Was Sie gemacht haben, grenzt an …«

»Ich nahm nur an«, unterbrach ihn mein Chef, »dass man mich mit diesem Argument abwimmeln wollte, dabei sind Ihre Mutter und ich immer sehr herzlich miteinander umgegangen. Auf mich wirkte sie übrigens sehr aufgeschlossen und wach. Ich hatte nicht den Eindruck, dass sie einen schlechten Tag hatte oder dass sie gleich ins Heim abgeschoben werden musste. Sie war geistig voll da.«

Obwohl wir es nicht mit eigenen Augen verfolgten, konnten wir uns genau vorstellen, wie sich die beiden Männer gegenübersaßen. Mädler ohne eine Spur irgendwelcher Erregung, lässig zwischendurch mal einen imaginären Fussel von seiner Seidenkrawatte abstreifend, als Hinweis darauf, dass er den lästigen Besucher am liebsten ähnlich aus seinem Zimmer gewischt hätte. Reichmann junior mit zornesfunkelnden Augen, die Hände zu Fäusten geballt angesichts Mädlers Dreistigkeit. Und dass es sich um eine solche handelte, schien uns unbestreitbar. Eigentlich war es noch zu nett ausgedrückt.

»Sie sehen anscheinend nur das, was Sie sehen wollen«, gab Reichmann zurück, jetzt mit drohendem Unterton. »Meine Mutter ist nicht mehr geschäftsfähig. In Ihrem Job müssten Sie eigentlich wissen, was das bedeutet. Und im Grunde sollten Sie so viel Menschenkenntnis besitzen, beurteilen zu können, wo trotz aller Profitgier Ihre Grenzen sind. Ich werde dafür sorgen, dass der Vertrag wieder rückgängig gemacht wird.«

In diesem Moment hörten wir, wie ein Stuhl heftig zurückgeschoben wurde. Der Sohn von Therese Reichenbach musste aufgestanden sein. Mädler rief ihm noch hinterher: »Ich verstehe Sie überhaupt nicht. Das ist doch ein gutes Produkt. Wenn Sie alles erben, was ich Ihnen wünsche, werden Sie doch davon profitieren. Also, was haben Sie sich so?«

Arschloch, dachte ich, was bist du doch für ein Arschloch. Du verstehst nicht im Geringsten, dass es im Leben nicht nur darum geht, eine bestimmte Provisionssumme einzufahren. Du kannst dich auch nur so aufführen, weil du immer noch von dem alten Image der Banken profitierst, dass man ihnen vertrauen kann, dass sie nichts Böses im Schilde führen. Hättest du das gleiche Ansehen wie die Leute aus den Drückerkolonnen, dann hätte dir Therese Reichenbach schon längst die Tür vor der Nase zugeknallt.

Und Mädler war keine Ausnahme. Bankberater wurden in Altenheime geschickt, um sogar halb dementen Bewohnern Anleihen oder Zertifikate zur Unterschrift vorzulegen. Einer achtzigjährigen Frau hatte man in Hamburg Anleihen von Schiffscontainern verkauft, die eine fünfzehnjährige Laufzeit hatten.

Der Vertrag von Therese Reichenbach wurde tatsächlich storniert und aufgelöst. Ich selbst löste einige Monate später meinen Arbeitsvertrag auf. Ich konnte das alles nicht mehr mit meinem Gewissen vereinbaren.

1
Der Jungfrauenclub

Altdorf ist ein Ort in Bayern. Einst hatte er zweitausend Einwohner, heute vielleicht dreitausend. Wenn man wie ich in der Mitte von Altdorf wohnt, ändert sich wenig, nur an den Randgebieten kommt das eine oder andere Haus hinzu. Plötzlich ist eine Wiese zugebaut, ohne dass man es mitbekommt – und der Bürgermeister freut sich über die Zugezogenen, solange die Menschen der Gemeinde Geld bringen und von ihm nicht verlangt wird, sich soziale Maßnahmen für Hartz-IV-Empfänger auszudenken. So aktiv er sich sonst auch gebärdet, wenn es um seinen Positionserhalt geht – da funktioniert unsere Gemeinde nicht anders als jede andere in Deutschland –, so mag er es gar nicht, wenn man an ihn mit der Bitte herantritt, doch mit anzupacken, wenn es nötig wird, etwa um ehrenamtliche Mitarbeiter für einen Kindermittagstisch zu rekrutieren.

Aber ein solches Anliegen hat er selten zu befürchten, denn Altdorf hat kaum Arbeitslose, schon gar keine Obdachlosen. Die Welt ist dort erstaunlich heil, mit einer weiß getünchten gotischen Taufkirche, die einen properen Zwiebelturm hat, natürlich mitten im Zentrum gelegen und für jeden möglichen Zweifler nicht zu übersehen. Im Zweiten Weltkrieg traf eine verirrte Bombe den alten Turm, und weil man die ausladenden Zwiebeltürme der Barockkirchen hübscher und passender für eine bayerische Örtlichkeit befand als die kühnen, in den Himmel gestreckten gotischen Gottestürme, beging man Stilbruch. Was vielleicht schrecklich klingen könnte, sieht ganz annehmbar aus. »Gmüatlich«, wie die Altdorfer sagen.

Neben dem Gotteshaus befindet sich die unvermeidliche Wirtsstube, groß und noch viel gmüatlicher, mit einem großen Biergarten unter den obligatorischen Kastanienbäumen. Weiterhin eine Metzgerei, ein Bäcker sowie Schul-, Rat- und Bürgerhaus mit Festhalle. Nicht zu vergessen: drei Banken. Wenn die HypoReal einem Bauern nur zu den und den Bedingungen Kredit gewährt und der Mann diese nicht akzeptieren will, braucht er bloß über die Straße zu gehen, um herauszufinden, ob die Konkurrenz nicht bessere Konditionen anbietet. Ist das der Fall, kündigt er der alten Bank und eröffnet ein neues Konto bei dem Wettbewerber. Konkurrenz belebt nicht nur das Geschäft, sondern führt auch zu einer inflationären Einrichtung von neuen Konten.

Meine Eltern schütteln darüber nur den Kopf. Sie sind stets Kunden bei derselben Sparkasse gewesen – und werden es wohl auch bleiben. »Man wechselt eine Bank doch nicht wie ein Paar Schuhe!« Mein Vater käme auch nie auf die Idee, seinem Fußballverein untreu zu werden – natürlich 1. FC Nürnberg – und auch nicht seinem Bier (Tucher).

Zwischen den Banken und der Kirche steht das Haus meiner Eltern, in dem ich mit zwei Schwestern und einem Bruder aufwuchs und im Garten spielte, in dem ein uralter Nussbaum seine tiefen Wurzeln geschlagen hat. Morgens standen wir vier Eder-Kinder Schlange vor der Toilette, nach der Schule vor dem Nussbaum. Jeder wollte zuerst hochklettern, denn es war uns nur erlaubt, nacheinander in den Ästen herumzuturnen. So zog jeder von uns ein Streichholz, und wer das längste hatte, durfte zuerst. Bei der Morgenwäsche gab es diesen Andrang nicht. Schlange standen Florian, Pauline, Johanna und ich nur, weil keiner von uns aus dem Bett wollte, bis es schließlich keine Verlängerung mehr gab – zu spät in die Schule kommen, das wollte von uns aber auch keiner. Sich deshalb einen Eintrag im Klassenbuch holen, nein, das wäre einfach zu blamabel.

Sonntags ging es in die Kirche, da legten meine Eltern viel Wert drauf. Wir hatten es ja nicht weit, bloß zweihundert Meter. Da konnte man bis zum letzten Glockengeläut warten, erst dann machten wir uns auf den Weg. Von den Predigten verstand ich als Kleinkind nicht viel. Ab und zu hörte ich, wie Bauer Xaver zwischendurch leise, aber doch noch deutlich hörbar sagte: »Das ist ja ein großer Schmarrn.« Er sagte es immer dann, wenn der Pfarrer vom Teufel redete, und das tat er gern. Blieb der Kommentar aus, weil einmal nicht der Satan für dieses oder jenes Böse in der Welt herhalten musste, oder war Bauer Xaver krank, vermisste ich etwas.

Im Nachbarhaus lebte Tante Cilli, auch sie versäumte keinen Kirchgang. Doch als sie später nicht mehr so gut laufen konnte und nur noch helle und dunkle Umrisse sah, reichte es nicht mehr, erst auf die letzte Minute loszugehen. Nach einem Oberschenkelhalsbruch schaffte sie die Strecke nicht mehr allein, und ich meldete mich freiwillig, sie jeden Sonntag zu begleiten. Jetzt dauerte der Weg fast zwanzig Minuten, aber es war schön mitzubekommen, wie sie die Nachbarn an den Stimmen erkannte, wie ihre runzligen Wangen – sie wurde sechsundneunzig – einen leichten Rotschimmer bekamen, wenn der Pfarrer sie mit beiden Händen begrüßte.

Da ich mütterlicher- wie auch väterlicherseits keine Großmutter hatte – sie waren gestorben, als ich noch ganz klein war –, ernannte ich Tante Cilli zu meiner Oma. Ich half ihr beim Putzen, heizte bei ihr ein, brachte sie abends zu Bett, weckte sie morgens, bevor ich zur Schule und später zu meinem Ausbildungsplatz bei der Bank ging. Mehrmals am Tag schaute ich nach ihr, bis sie vor vier Jahren starb. Ich habe ihr so gern geholfen. Keinesfalls sollte sie in ein Altenheim, auch wenn sie ein Pflegefall war. Wir konnten ihr das Altwerden und Sterben in ihren eigenen vier Wänden ermöglichen, weil immer jemand von meiner Familie daheim war. Seitdem Florian auf der Welt war, der Jüngste von meinen Geschwistern, arbeitete meine Mutter nicht mehr als Floristin und konnte auch tagsüber nach Tante Cilli sehen. In den Zeiten, in denen es ihr besonders schlecht ging, installierten wir ein Babyphon. Das war die einfachste Lösung, denn wenn irgendetwas passierte, konnten wir so sicher sein, dass wir es hörten. Um zu einem Telefon zu greifen oder zu einer Kuhglocke – die hatten wir erst in Erwägung gezogen –, war Tante Cilli zu schwach.

Denke ich an sie, fange ich heute noch an zu weinen. Sie war so lieb, hatte mir immer Märchen erzählt und mich an ihr großes Herz gedrückt.

Florian, Pauline, Johanna und ich beteten natürlich auch mit unseren Eltern, wie es sich in einem katholischen Haus gehört, kurz vor dem Essen und noch ein weiteres Mal vor dem Zubettgehen. Das Beten und die Kirchgänge haben Früchte getragen, so dass ich schon als junges Mädchen in unserer Pfarrgemeinde aktiv wurde. Es fing mit den jährlichen ökumenischen Kinderbibeltagen an. Drei Tage dauern sie. Dazu muss ich die Zimmer in einem Pfarramt unserer Umgebung herrichten, die Spiele vorbereiten und einen Infozettel für die Eltern schreiben, auf dem etwa steht, dass sie ja nicht vergessen dürfen, frische Socken für ihre Kleinen einzupacken. Die ältesten sind zehn, die jüngsten sechs. An diesen Bibeltagen versuchen wir den Kindern spielerisch den christlichen Glauben zu vermitteln und zu vertiefen, freiwillig und mit viel Spaß, nicht als Pflicht wie im Religionsunterricht in der Schule. Vergangene Themen waren zum Beispiel David und Goliath, Franz von Assisi oder Jesus erzählt Gleichnisse.

In einem Sommer stellten wir mit den Kindern die Geschichte der Arche Noah nach. Dazu bastelten wir Tiermasken von Affen, Paradiesvögeln, Giraffen, Schildkröten, Schweinen, Schafen, aber auch Menschen. Vorher sagte ich: »Alle dürfen mit auf die Arche Noah, aber nur zu zweit. Ihr müsst euch einen Partner suchen.« Die Masken wurden verteilt, und große Begeisterung brach aus, wenn das Schweineduo oder ein anderes Tierpaar sich gefunden hatte. Nachts ging es los zum See, ordentlich nacheinander, mit den Masken auf dem Kopf. Es wurde gegrunzt, gemeckert und geschnattert. Als wir alle am Wasser standen, war es plötzlich ganz still.

»Und wo ist die Arche?«, fragte Robert. Ich hatte gerade erzählt, wie groß sie nach den Maßen der Hebräer war.

»Die müsst ihr euch jetzt vorstellen«, sagte ich.

»Geht jetzt die Welt unter?« Manuels Gesicht zeigte einen leicht besorgten Ausdruck, als er das ruhige Wasser betrachtete, das im Mondlicht silbern glitzerte. Manchmal huschten auch einige Strahlen von den Taschenlampen über die Seefläche, die wir mitgenommen hatten, um nicht über Baumwurzeln zu stolpern. Am Wasser sollten die Kinder sie ausschalten – aber einige Abenteurer hatten sich nicht daran gehalten, sondern wollten lieber sehen, ob nicht irgendwo ein Goldschatz im Wasser verborgen war oder ein Seeungeheuer lauerte.

Manuel gehörte nicht zu den Frechen.

»Nein, davor müsst ihr heute keine Angst mehr haben«, erwiderte ich. »Nach der Sintflut hat Gott den Menschen einen Regenbogen gesandt. Er ist das Zeichen für den neuen Bund zwischen Gott und den Menschen und besagt, dass ihr alle in Frieden leben könnt. Ihr müsst auf Gott vertrauen, das könnt ihr aus dieser Geschichte lernen.«

Augenblicklich quietschte und blökte und wieherte es wieder, und auch Manuel fasste neuen Mut und setzte sich seine Affenmaske auf.

Ich berichtete den Kindern nun, was geschah, nachdem die Tiere und die Familie von Noah die Arche bestiegen hatten. Ich erzählte ihnen von Freundschaft, Liebe und Familie. Gebannt hörten sie zu. Es war ein wunderbares Gefühl, etwas weiterzugeben, was man selbst als Kind erfahren hatte. Das einzig Unerfreuliche war, dass wir am nächsten Tag alle mit einer gewaltigen Zahl von Mückenstichen aufwachten. Martin präsentierte stolze fünfzehn Stiche, Robert zählte sogar einunddreißig, und auch ich hatte über zwanzig davongetragen. Eindeutig war am Seeufer mehr als nur ein Mückenpaar unterwegs gewesen.

Neben den Bibeltagen schloss ich mich dem »Jungfrauenclub« an, wie wir unsere katholische Mädchengruppe nannten. Am Wochenende ging es hinaus mit dem Fahrrad übers Land, vorbei an Feldern und Wiesen mit Kühen und Schafen. Wir beteten, kochten und spielten miteinander und unternahmen verschiedene Ausflüge. Eigentlich war immer eine Menge los, doch offensichtlich nicht genug, denn irgendwann lösten sich die Jungfrauen auf. Vielleicht waren zu viele einfach keine mehr, das kann ich aber nicht mit Gewissheit beurteilen.

Einige Jahre nach dem Aus unseres Mädchenclubs wurmte es mich, dass es in Altdorf noch immer den Burschenverein gab. Sie schienen keine Auflösungsprozesse zu kennen, eher steigerte sich ihre Mitgliederzahl kontinuierlich. Dem musste ich etwas entgegensetzen, und im Jahr 2005 gründete ich eine Madlgruppe. Als nächste Frauengeneration, so dachte ich, kann man den Jungen nicht konkurrenzlos das Feld überlassen. Mit meinen Freundinnen Sophia und Magdalena besprach ich meinen beabsichtigten Vorstoß. Da ich nicht einfach Fahrten ins Grüne unternehmen wollte – das Ende wäre vorprogrammiert gewesen –, suchte ich mir einen anderen Schwerpunkt aus: religiöse und gemeinschaftliche Traditionen erhalten oder wieder aufleben lassen. Sophia und Magdalena waren begeistert, zumal wir in der Fahnenkammer im Bürgerhaus noch die Fahne der vorherigen Jungfrauengruppe entdeckt hatten – wunderschön war sie, dunkelrot mit vielen Stickereien versehen. So etwas Kostbares konnte man nicht einfach verstauben lassen, und auf den Fronleichnamsprozessionen würde sie sich gut machen.

Mittlerweile sind wir dreiundzwanzig »Mädchen«. Zu Mariä Himmelfahrt, dem »Großen Frauentag«, basteln wir Kräuterbüsche. Wir helfen mit beim Adventsmarkt, binden Kränze und Gestecke, bei den Bürgerfesten wie Erntedank verkaufen wir für einen guten Zweck Kaffee und Kuchen, vorher in der Kirche noch kleine Minibrote. Für den letzten Martinsumzug haben wir an einem Tag 250 Gänse gebacken und verteilt. Und naht Ostern, gestalten wir Osterkerzen mit biblischen Motiven oder Symbolen wie dem Kreuz, binden aus Weidenkätzchen, Buchsbaum und bunten Schleifen Palmbuschen, die geweiht werden. Normalerweise muss man die Weidenstöcke an Ostern ins Feuer werfen, damit sie Glück bringen. Ich hebe sie jedoch auf. Ich kann sie nicht verbrennen, sie tun mir leid.

Was machen eigentlich die Burschen? Dank ihrer Oberarme dürfen sie den Maibaum aufstellen und wieder wegräumen – eindeutige Männerangelegenheit, wie wir finden. Über dieses Geschlecht sagen wir: »Sie sehen die Berge von unten, die Kirchen von außen, die Wirtshäuser von innen.« Immerhin tragen sie zu Fronleichnam zwei Statuen, den Aloisius und die Maria, und so schwer, wie die sind, ist das eine harte Arbeit. Normalerweise sollten wir Mädchen die Maria übernehmen, aber die Strecke zum Nachbardorf ist zu weit, bei ihrem Gewicht. Dafür schmücken wir sie, während Aloisius meist auf Blumen und Bänder verzichten muss.

Einmal brauchten die Burschen doch unsere Hilfe, und wir mussten bei der Prozession mit anpacken. Um neun Uhr sollte es losgehen, aber der vorangegangene Abend war zu lang geworden, und eine ganze Menge der Hemdsärmeligen schaffte es nicht, sich zu so früher Stunde aus dem warmen Bett zu quälen. Das wäre ja auch wirklich zu hart für sie gewesen. Im Jahr darauf hatten sie Glück. Da regnete es so stark, dass die Prozession buchstäblich ins Wasser fiel. Eins will ich aber nicht unterschlagen: Die Jungen haben auch einen Stand auf dem Adventsmarkt und verkaufen Feuerzangenbowle, wie es sich gehört.

Sophia ist meine Freundin, seitdem unsere Eltern uns in den Pfarrkindergarten geschickt haben. Mit Beginn der ersten Klasse saßen wir nebeneinander, bis man mich neben meinen Bruder Florian strafversetzte – obwohl er ein Jahr jünger ist, wurden wir gleichzeitig eingeschult. Neben dem eigenen Bruder in der Schule sitzen zu müssen, fand ich sehr demütigend. Florian ging es nicht anders, und wir waren beide froh, als ich später auf eine andere Realschule kam als er. Obwohl er wesentlich schlechter in Mathe war als ich, machte er eine Ausbildung zum Versicherungskaufmann. Als ich mich entschied, zur Bank zu gehen, wusste ich wenigstens, dass mir Zahlen Spaß machen.

Meine Realschule lag in der nächstgrößeren Ortschaft, und wieder kam ich mit Sophia in eine Klasse. Endlich saßen wir wieder nebeneinander.

»Ihr müsst unbedingt aufs Gymnasium gehen!« Immer wieder hatte der Klassenlehrer in der Grundschule das zu uns gesagt.

»Das brauchen wir nicht«, sagten wir einstimmig.

»Bei euren Fähigkeiten wäre das eine Schande.«

»Der Florian will auch nicht.«

»Was hat der Florian mit euch zu tun?« Herr Stangenried bedrängte uns regelrecht, aber Sophia und ich blieben bei unserer Entscheidung. Nachträglich wäre es vielleicht vernünftiger gewesen, wenn wir auf unseren Lehrer gehört hätten. Aber da ich die ganze vierte Klasse in ihn verschossen war, musste ich mich wohl gegen ihn behaupten.

Der erste Schultag in der Realschule war der 11. September 2001. An diesem Tag zerstörten Flugzeuge das World Trade Center in New York. Am nächsten Tag versuchten die Lehrer mit uns über dieses furchtbare Ereignis zu reden, über das, was wir alles am Nachmittag und Abend zuvor mitbekommen hatten. Aber es war uns kaum möglich, das Gesehene, Gedachte und Empfundene in Worte zu fassen. Die meiste Zeit schwiegen wir, und die einzelnen Fachlehrer erzählten uns, was der Anschlag bedeuten könnte. Ein normaler Unterricht war in der ersten Woche nicht möglich.

Noch ein anderes Erlebnis aus meiner Schulzeit werde ich nie vergessen. Wir besuchten gerade mit unserer Klasse den Botanischen Garten in München. Wir Schüler merkten, dass unter unseren beiden Begleitlehrern plötzlich Unruhe ausgebrochen war; wild debattierten und gestikulierten sie hin und her. Plötzlich lag einer von ihnen auf dem Boden, weil er in Ohnmacht gefallen war. Das war Markus Hoflehner, unser Religionslehrer. Wir dachten erst daran, dass es an der subtropischen Hitze im Gewächshaus lag. Aber dann erfuhren wir, was wirklich vorgefallen war: In Bayern hatte ein Amokläufer fünf Menschen umgebracht – erschossen mit einer Pistole. Weil der Amoklauf von Erfurt auch in unserem Bundesland Lehrer und Schüler verstört hatte, waren umgehend alle bayerischen Schuldirektoren informiert worden. Unser Direktor gab sofort per Handy unserem Religionslehrer Bescheid.

»Hat die Polizei den Schützen festnehmen können?«, fragte Tobias, ein Junge aus meiner Klasse.

»Wir wissen nichts Genaues«, erklärte Markus Hoflehner, der wieder zu sich gekommen war, noch ganz bleich im Gesicht.

»Und was machen wir jetzt?«, fragten Sophia und ich. »Wir können doch nicht einfach weiter hier im Gewächshaus Kakteen und Bananenpflanzen anschauen?«

Ich musste an Florian denken, der in der Nähe des Tatorts zur Schule ging. Pauline und Johanna hatten schon ihren Schulabschluss und waren gerade bei Verwandten in Landshut, um sich dort einen Ausbildungsplatz anzuschauen. Um sie musste ich mir keine Gedanken machen, Landshut war weit genug weg. Ich wollte mir nicht vorstellen, dass ein Amokläufer nach seiner Tat einfach in ein Auto steigen würde, um irgendwo anders weiterzumachen. Was, wenn meinem Bruder etwas passiert wäre? Auch die anderen machten sich Sorgen um ihre Geschwister und Eltern. Die Unsicherheit war einfach unerträglich.

Wieder zu Hause, war auch die Nachricht zu uns durchgedrungen, dass der Täter sich selbst umgebracht hatte. Aber nicht mit seiner Pistole. Er soll sich mit einer Granate selbst in die Luft gesprengt haben. Trotz meines dicken Pullovers fröstelte ich. Wie konnten Menschen nur so etwas tun? Der Boden unter meinen Füßen war heute ins Wanken geraten. Das, was ich während der Bibeltage erzählt hatte, über Vertrauen und Nächstenliebe, es wurde auf einmal noch wichtiger. Bestimmt hatte dem Täter genau das gefehlt, dachte ich noch, bevor mir in dieser Nacht die Augen zufielen.

Am nächsten Tag hatten wir schulfrei. Ich sah hinaus aus meinem Fenster. Wer den neuesten Dorfklatsch erfahren wollte, musste nur die Metzgerei betreten. Die Verkäuferin wusste alles: wer einen Unfall gebaut hat, weil der Betroffene Kummer und deshalb zu viel getrunken hatte. Wer schwanger ist. Wer seiner Frau untreu geworden war. An diesem Tag ging es sicher nur um den Amoklauf. Von meinem Zimmer aus konnte ich sehen, wie Frieda Beyer den Schweinsbraten wog oder die Rindsrouladen einwickelte und sich ihr Mund ständig bewegte. Ich dachte darüber nach, dass es mir nicht recht wäre, wenn mein Leben auf diese Weise öffentlich werden würde. Selbst für den Täter empfand ich eine seltsame Scham. Es war das Eindringen in seine Privatsphäre. Irgendwie hatte das auch etwas Gewalttätiges an sich, wenn es auch nicht zu vergleichen war mit dem Töten von unschuldigen Menschen.

Morgen würde Frieda dann ein anderes Thema weiterverbreiten. Bei der Menge von Dorfereignissen würde ihr der Gesprächsstoff nie ausgehen.

2
Bauer Jonas braucht einen Traktor

Hast du schon mal darüber nachgedacht, was du werden möchtest?« Es war unvermeidlich, dass diese Frage aufkam. Meine Mutter stellte sie, nachdem ich ihr erzählte, dass die Schule uns dazu aufgefordert hatte, einen Praktikumsplatz zu suchen. Schülerbetriebspraktikum nannte sich das, wodurch wir eine Ahnung von der Welt der Berufstätigen und genauere Vorstellungen von unseren eigenen Zukunftsplänen bekommen sollten.

»Auf jeden Fall möchte ich was mit Leuten zu tun haben. In einem Büro zu sitzen und den ganzen Tag in einen PC hineinschauen zu müssen, das kann ich mir nicht vorstellen. Das wäre nichts für mich.«

»Frag doch mal, ob du bei deinem Kinderarzt das Praktikum machen kannst. Du magst ihn doch. Und als Arzthelferin hättest du mit Menschen zu tun.«

Es stimmte, dass ich Dr. Abendstein toll fand. Hatte ich eine Erkältung, ging ich noch immer zu ihm, obwohl ich mich mit sechzehn längst nicht mehr als Kind fühlte. Meine Anhänglichkeit hatte auch einen Grund: Nie trug er diesen bedrohlich aussehenden weißen Kittel, sondern immer seine normale Kleidung. Seine Augen blitzten hinter der kleinen runden Brille, und stets machte er lustige Bemerkungen. Erst als ich achtzehn war, dachte ich, ich sei nun wirklich zu alt, um zu einem Kinderarzt zu gehen.

Dr. Abendstein war sofort begeistert, als ich ihn fragte, ob ich bei ihm ein »Schnupperpraktikum« machen könnte: »Komm jederzeit.« Leider war er gerade im Urlaub, als es endlich so weit war. Mit seiner Vertretung Frau Dr. Kreis kam ich dagegen vom ersten Tag an nicht zurecht. Ich schien ihr immer im Weg zu stehen und ihr allein durch meine Anwesenheit Stress zu bereiten. Anna, die Arzthelferin, erkannte sofort, dass dies in einem Desaster enden würde. In der Mittagspause ging sie darum zu einer Bank auf der Straßenseite gegenüber von Dr. Abendsteins Praxis. Dort schilderte sie die Situation, und man sagte ihr, ich könne gleich zu ihnen kommen.

»Du hast einen neuen Praktikumsplatz«, erklärte Anna fröhlich, als sie noch in der Tür stand.

Erstaunt schaute ich sie an.

»Du kannst in der Bank gegenüber anfangen, da ist auch viel Publikumsverkehr. Vielleicht gefällt es dir dort besser.«

Warum nicht?, dachte ich. Einige meiner Cousins arbeiteten in einer Sparkasse, sie hatten immer spannende Geschichten erzählt und dass es ihnen viel Spaß machen würde, die Kunden zu beraten. Weil mir Zahlen sowieso lagen, konnte es gar nicht besser sein. Darauf hätte ich auch schon selbst kommen können. Später stellte ich allerdings fest, dass man für diesen Beruf kein mathematisches Genie sein muss, weil alles mit dem Computer berechnet wird.

Als Praktikantin durfte ich zwar nicht viel machen, aber jeder Tag war interessant. Die Probleme und Wünsche der Sparer konnte ich nachvollziehen, immerhin kannte ich viele der Kunden seit meiner Kindheit und wusste um die Familienverhältnisse Bescheid. Und von denen, die ich persönlich bislang nicht wahrgenommen hatte, hatte ich den einen oder anderen Namen in Erzählungen meiner Eltern oder anderer Erwachsener schon einmal aufgeschnappt. Als mir eine ältere Frau erzählte, dass ihre Enkelin immer das Konto überziehen würde und sie das gar nicht gut fände, zumal die Enkelin das Geld nur für »dummes Zeug« ausgeben würde, musste ich innerlich lächeln. Frieda Beyer, die Metzgereiverkäuferin, hätte jetzt bestimmt nachgefragt, was sie denn mit »dummes Zeug« meinen würde.

Eines Abends saßen Sophia und ich bei meinen Eltern in der Küche. Mein Vater feuerte im Ofen Holz nach, meine Mutter zupfte aus den Kräutertöpfen noch etwas Basilikum und Petersilie für einen Salat ab.

»Ich könnte mir vorstellen, eine Ausbildung zur Bankkauffrau zu machen«, sagte ich, während ich das Besteck und die Servietten verteilte. »Das ist eine anspruchsvolle kaufmännische Lehre, ich glaube, das könnte mir gefallen.« In einem Dreivierteljahr würde ich meinen Realschulabschluss machen und danach hoffentlich einen Ausbildungsplatz finden und mein eigenes Geld verdienen – mit einem Beruf, bei dem ich Menschen beraten, ja helfen konnte.

Auch Sophia würde dann fertig mit der Schule sein, doch sie verfolgte andere Ideen. »Das wäre nichts für mich«, sagte meine Freundin und zog ihre schmalen Augenbrauen gekonnt hoch. Sie hatte silberblondes Haar, war viel schmaler als ich und ein Meter achtzig groß. Manchmal, wenn ich sie ärgern wollte, nannte ich sie »Barbie«. »In meiner Verwandtschaft«, fuhr sie fort, »sind so viele Banker, noch mehr brauchen wir da wirklich nicht. Dann reden wir in der Familie nur noch über Kursgewinne und Aktienpakete.«

»Was willst du dann machen?« Wir hatten noch nie darüber gesprochen.

»Ich möchte doch noch aufs Gymnasium wechseln, auch wenn ich mir das früher nie vorstellen konnte. Bis ich das Abi habe, kann noch so viel passieren. Willst du dir nicht doch noch überlegen, mit aufs Gymnasium zu gehen? Dann können wir später zusammen lernen.«

Ich schüttelte den Kopf. Ich wollte lieber ins Berufsleben. Keiner aus meiner Familie war aufs Gymnasium gegangen, und ich wollte nicht unbedingt die Erste sein. Sophia sollte später Bankerin werden, als ich aus diesem Beruf ausstieg und das Abitur nachholte. So tauschten wir unsere Rollen. Noch gefällt ihr der Beruf, aber ich frage mich, wie lange das anhalten wird. Aber vielleicht ist meine Freundin druck- und stressresistenter als ich und wird noch viele Jahre Spaß an ihrem Job haben. Sie war aber diejenige, die mich am meisten darin bekräftigte, meinen Beruf aufzugeben, als ich mit dem, was von mir erwartet wurde, nicht mehr zurechtkam.

Bis zu meinem Realschulabschluss dachte ich auch noch häufiger darüber nach, Zimmerfrau zu werden. Einem Nachbar hatte ich nämlich dabei geholfen, seine Garage abzureißen und an deren Stelle einen Anbau zu errichten, den ich ebenfalls mit ihm zusammen geplant hatte. Mir gefiel es, auf dem Dach herumzuklettern und alle anstehenden Handwerkertätigkeiten auszuführen. Schon als kleines Kind hatte mir mein Vater gezeigt, wie man mit Hammer, Bohrer und Säge arbeitet. Als man mir aber wieder und wieder zu verstehen gab, dass ein solcher Beruf für eine Frau körperlich sehr schwierig ist, besonders wenn man die dreißig überschritten hat, verfolgte ich diesen Berufswunsch nicht weiter.

So kam es also wie geplant: Am 1. September 2003 fing ich meine Ausbildung zur Bankkauffrau an. Am Abend zuvor wurde in Altdorf ein großes Fest gefeiert, mit Tanz und Musik und viel Bier in einem riesigen Zelt, das auf dem Gemeindeanger aufgebaut worden war. Jeder ging hin – nur ich nicht. Ich malte mir aus, wie alle auf den Bierbänken standen und zur Musik der Band tanzten, lachten und tranken. Natürlich hätte ich für zwei, drei Stunden mitfeiern können, aber weil ich wusste, dass ich am nächsten Morgen früh aus dem Bett musste, ärgerte ich mich so sehr, dass ich vor lauter Trotz zu Hause blieb und mir einen langweiligen Krimi im Fernsehen ansah. Allein, denn auch meine Eltern und meine Geschwister amüsierten sich ausgelassen. Schließlich stellte ich den Ton des Fernsehers so laut, dass ich nichts von dem hören musste, was der leichte Wind an Musikfetzen durchs Fenster trug.

Klar, dass ich schlecht schlief und am nächsten Tag aussah, als hätte ich die ganze Nacht durchgefeiert.

Meine Ausbildung begann ich in der Bank, in der ich schon mein Praktikum gemacht hatte. In der weiteren und näheren Umgebung von Altdorf gab es von ihr vierundzwanzig Filialen, auf die insgesamt zehn Auszubildende kamen. Zur Einführungsveranstaltung am ersten Tag trafen wir uns alle in der Hauptfiliale in Neustadt. Die Ausbildungsleiterin versorgte uns mit Unmengen von Materialien. Danach mussten wir das Bankkundengeheimnis unterschreiben, das heißt, dass wir nichts über die Sparer nach außen tragen dürfen. Im Anschluss bekamen wir noch eine kurze EDV-Schulung.

An diesem Tag wurde ich durch zwanzig Büros geführt und hatte fünfzig verschiedene Gesichter gesehen, von denen ich mich am nächsten Morgen an keines mehr erinnerte.

Im Laufe der Ausbildung sollten wir mehrere Zweigstellen kennenlernen. Mein erster Einsatzort war Mittelbrunn, eine kleinere Ortschaft rund fünfzehn Kilometer entfernt. Weil es dorthin keine Busverbindung gab und ich noch keinen Führerschein hatte, fuhr mich meine Mutter jeden Tag dorthin und holte mich auch wieder ab.

Schnell merkte ich, dass die Mittelbrunner nicht sehr

vermögend waren. Eine ältere Kollegin wies mich am Schalter ein: Überweisung, Dauerauftrag, Mietkaution, Unterschriften und Kartennummern von Geschäftskunden überprüfen und abgleichen. Kaum jemand von den Kunden zahlte eine Summe über 300 Euro ein. Die meisten betraten die Bank auch nur, um Fragen zu stellen:

»Ist der und der Betrag schon eingegangen?«

»Hab ich überhaupt noch was auf dem Konto?«

»Wenn ich jetzt 50 Euro abhebe, was bleibt mir dann?«

Auf diese Weise bekam ich schnell einen Überblick über die Spareinlagen der einzelnen Kunden. Online-Banking war damals erst im Kommen, und die Mittelbrunner waren noch längst nicht mit dieser Möglichkeit vertraut.

Der erste Fehler, den ich beging, ließ auch nicht lange auf sich warten. Eine Frau überwies von dem Konto ihres Mannes einen Betrag auf ein anderes Konto. Ich kam nicht auf die Idee, den Auftrag zu hinterfragen. Hätte ich das getan, dann hätte ich herausgefunden, dass die Frau über das Girokonto ihres Ehemannes gar keine Vollmacht besaß.

»Was soll ich tun?«, fragte ich meine Kollegin.

»Ruf einfach bei dem Ehepaar zu Hause an und bitte den Mann, ein Fax zu schicken, auf dem er unterschreibt, dass er mit der Überweisung einverstanden ist.«

Gerettet! Ein zweites Mal passierte mir das nicht.

Besonders gern mochte ich die Geschäftskunden. Auf Bauer Jonas Waldbichler konnte man sich verlassen, wenigstens auf seinen ersten Satz nach Betreten der Bank:

»Mei, das Wetter ist heute nicht gut für die Kartoffeln.« Aber es war auch nicht gut für das Getreide oder den Kohl. Für die Liebe schon gar nicht – er suchte dringend eine Frau – und auch nicht für einen Kredit, den er noch dringender brauchte als eine Partnerin. Außer er fände eine, »die arbeiten kann wie ein Traktor«. Den Kredit benötigte er nämlich für einen neuen Trecker, und ich konnte mir bei Waldbichlers Vergleich nun auch vorstellen, warum es mit der Liebe nicht so recht klappte, denn an seinen strammen Waden und dem dichten dunklen Lockenschopf, unter dem lustige Augen hervorlugten, konnte es nicht liegen. Aber bei dem Gedanken, er würde beobachten, wie schnell man das Heu auf dem Feld wendete, und vielleicht sogar die Armmuskeln einer Prüfung unterziehen, war es doch besser, ihn auf Abstand zu halten. Ich hoffte nur, dass man ihm den Kredit für diese landwirtschaftliche Maschine schnellstens bewilligte, damit er andere Methoden bei seinen Annäherungsversuchen einschlug. Aber darüber hatte einzig der Filialleiter von Mittelbrunn zu entscheiden.

Jeden Tag freute ich mich auf Anja Haberkorn, die ein Geschäft in der nächsten Kreisstadt besaß, aber in Mittelbrunn lebte und deshalb ihr Konto dort hatte.

»Grüß Gott, Frau Eder, schön, Sie auch heute wieder zu sehen.« Während sie das sagte, packte sie die Einnahmen des vergangenen Tages auf den Schalter.

Nicht schlecht, dachte ich und sagte laut: »Anscheinend gefällt den Kunden, was Sie verkaufen.«

»Ach wissen Sie, ohne die Frau des Bürgermeisters und die des Fleischgroßhändlers wäre ich schon längst pleite. Was die bei mir ausgeben … da kann ich nur froh sein. Aber sagen Sie's bitte nicht weiter, Frau Eder, ja?«

»Darüber machen Sie sich mal keine Gedanken, Frau Haberkorn, wir von der Bank sind dazu verpflichtet, nichts weiterzutragen. Ja, dann servus, und noch einen guten Tag. Hoffentlich klappt es mit den Einnahmen heute genauso gut wie gestern.«

»Wenn Sie mir das wünschen, dann wird es schon so kommen. Servus, auch.«

Ich liebte dieses »Grüß Gott« und »Servus« – ich war doch eine zweite Frieda Beyer.

Nach einigen Monaten kam ich in die Zweigstelle von Altdorf. Da wurde noch mehr geredet und Privates und weniger Privates ausgetauscht. Weil ich hier mit fast allen Leuten per du war, kam ich ganz leicht mit den Kunden ins Gespräch. Nur wenn es ums Finanzielle ging, wurde es bei diesem Heimspiel schwieriger. Denn wenn jemand Schulden hatte, druckste derjenige schon mehr herum als jemand, für den ich eine Fremde war. Unsere Ausbilderin hatte uns beigebracht: »Beurteilen Sie keinen Menschen nach seinem Kontostand. Sie müssen ihn kennen, aber im weiteren Gespräch vergessen Sie ihn gleich wieder.«

Kunden konnten den selbstverständlich nicht so leicht vergessen. Für sie war er nicht selten problematisch. Auch diejenigen, die viel auf »der hohen Kante« hatten, empfanden es oft als unangenehm, dass ich diesen Einblick hatte. Besonders dann, wenn sie sich nach außen hin so verhielten, als würden sie überhaupt kein Geld haben. Das taten sie natürlich, um nur ja nicht um Spenden für das Dorf gebeten zu werden, etwa für die Restaurierung der Kirchenglocke oder einen zweiten Kinderspielplatz bei den Mietwohnblocks. Am besten, man hatte noch Mitleid mit ihnen und lud sie zum Bier ein, obwohl sie sich jeden Abend Champagner hätten leisten können. Geizhälse fanden in jeder Stadt, in jedem Dorf jemanden, der für sie aufkam.

Ein anderes Ausbildungsmotto lautete: »Wenn Sie sehen, dass einer viel auf dem Konto hat, dann vereinbaren Sie mit ihm einen Termin beim Geschäftsstellenleiter.« Auch dieser Anweisung folgte ich, doch entsprechend gefüllte Konten entdeckte ich eher selten. Meist gehörten die Männern wie dem Bürgermeister, und ich war eigentlich ganz froh, dass ich mit den Honoratioren unserer Gemeinde nichts zu tun hatte.

Doch so ganz vergaßen wir Mitarbeiter im Schalterbereich nicht, was jemand auf dem Konto hatte, auch wenn uns das aufgetragen worden war. In unseren Pausen zogen wir mit schöner Regelmäßigkeit über die eine oder andere Person aus Altdorf her und machten uns unsere eigenen Gedanken:

»Also, man kann wirklich nicht sagen, dass der Fred arm ist, auch wenn er so tut. Was der alles von seinem Vater geerbt hat! Hätte der Alte doch bloß mehr auf den Kopf gehauen. Er hätte mehr vom Leben gehabt. Aber wahrscheinlich war schon Freds Vater geizig«, bemerkte eine Kollegin.

»Männer, die auf ihrem Geld sitzen, sind bestimmt auch keine guten Liebhaber. Sollte eine von euch den Fred ins Auge gefasst haben, ich kann nur abraten.« Dieser Kommentar stammte von einer anderen Kollegin, die auch noch Single war. Ich hatte schon überlegt, mit ihr einen Ausflug nach Mittelbrunn zu machen, sie hätte gut zu Bauer Jonas gepasst: drall, anpackend, lebenslustig.

»Und die Dagmar, die ist das genaue Gegenteil«, mischte sich die Dritte vom Service ein. »Die kann überhaupt nicht mit Geld umgehen, die gibt mehr aus, als sie verdient.«

»Stimmt«, sagte Kollegin eins. »Ich verstehe das überhaupt nicht. Wenn man sowieso schon so knapp bei Kasse ist, wieso kauft sie sich dann eine teure Lederjacke?«

»Ich hätte das Gefühl, ich würde mich blamieren, wenn ich mit einem solchen Kauf nicht bis zum nächsten Gehalt warten würde.« Dieser Satz kam unvermeidlich von mir.

Meine Kolleginnen und ich hatten am Wochenende zuvor im Bürgerhaus ein Fest besucht, auf dem wir auch besagte Dagmar trafen. Dort prahlte sie mit ihrer »superschicken neuen Jacke«. Am Montag warfen wir dann mal ganz dezent einen Blick auf ihr Konto. Ihr Minus sprang uns geradezu entgegen.

Bei mir zu Hause wurde immer gespart, und meine Eltern sorgten auch von Anfang an dafür, dass wir Kinder unser Geld zusammenhielten. Jeder Groschen, den man mir als kleines Mädchen schenkte, landete in einem Sparschwein. Nie war es mir in den Sinn gekommen, mein Geld für Süßigkeiten auszugeben. Jahrelang sparte ich, ohne kaum etwas auszugeben – nur nach der Firmung, die mit Geldgeschenken verbunden war, kaufte ich mir ein Fahrrad. Nie hätte sich mein Vater eine Videokamera gekauft, wenn er dafür Schulden hätte machen müssen, meine Mutter nie eine neue Couch. Die einzig akzeptierten Schulden waren die, die bei dem Bau eines Hauses auftraten. Vielleicht hat mich das für den Bankberuf prädestiniert – und vielleicht musste ich gerade deswegen nach insgesamt fünf Jahren wieder aussteigen.

Im letzten Jahr meiner Ausbildung kam ich nach Neustadt. Neben der praktischen Ausbildung am Schalter lernten wir auf der Berufsschule außerdem, welche Kompetenzen sonst noch von einem Bankberater erwartet wurden. Wir Auszubildenden hatten dabei das Gefühl, in streng gehütete Geheimnisse vorzudringen – als wären wir Alchimisten, die aus Bankprodukten Gold machen können, wenn wir nur gewisse Formeln befolgen. Es war, als würden in der Welt der Zinsen und Zinseszinsen, der Anleihen und Wertpapiere Paradiese auf uns warten, die wir nur noch zu entdecken brauchten. Zugleich hieß es aber: »Sie müssen dem Kunden alle Risiken offenlegen, nur so entwickelt er Vertrauen in seine Bank.«

Dass verschiedene Banken im neuen Jahrtausend schon Pleite gemacht hatten, dass der Börsenunsinn nach den Terroranschlägen vom 11. September 2001 seinen Höhepunkt erreichte und am Ende des Jahres der Neue Markt nach nur drei Jahren zusammenbrach – wobei Milliarden von Dollar verbrannt wurden –, von dieser Gier, dieser

Panik, von diesem Absturz erzählte man uns nichts. Die Welt der Banken war eine heile Welt. Und das glaubten wir Azubis. Bis dahin mussten wir auch noch nicht selbständig Beratungsgespräche führen.

3
»Wollen Sie sparen und gewinnen?«

Sie brauchen 10 000 Euro für ein neues Auto? Ich könnte Ihnen einen Kredit zu guten Konditionen anbieten.«

»Sie haben 20 000 Euro einfach auf Ihrem Girokonto herumliegen? Wollen Sie das Geld nicht besser anlegen?«

»Sie sollten bei Ihrem Gehalt unbedingt jeden Monat eine bestimmte Summe sparen! Haben Sie schon einmal an einen Bausparvertrag gedacht?«

»Ach, Sie haben Ihre Ausbildung gerade abgeschlossen! Da sollten Sie eine Arbeitsunfallversicherung abschließen, vielleicht auch noch an Riester-Rente denken.«

Verschiedene Fallbeispiele hatten wir im Laufe der Ausbildung in Rollenspielen getestet. Mal war ich der Berater, mal der Kunde, der entweder von der Bank direkt angesprochen wurde oder selbst mit einem Anliegen kam, um sein Geld auf die eine oder andere Weise zu vermehren.

In der Realität sah es anders aus. Man konnte nicht wie im Spiel einfach loslachen, wenn man nicht mehr weiterwusste, weil einem die Argumente ausgegangen waren, um den Sparer für ein neues Produkt wie einen äußerst komplexen Immobilienfonds zu überzeugen.

Geld war eben für die meisten Menschen kein Spiel, sondern das, was sie hatten oder nicht hatten. Damit bezahlte man die Miete, die Raten für das Haus, den täglichen Bedarf und Kleidung. Oder man träumte davon, eines Tages in Länder fahren zu können, die man immer schon kennenlernen wollte, einen Porsche zu besitzen, er musste ja nicht einmal neu sein, gebraucht würde man ihn auch nehmen.

Schnell stellte man im wahren Leben fest, dass sich alle Kunden unterschieden. Was als Geldanlage für den einen perfekt war und sofort akzeptiert wurde, lehnte ein anderer kategorisch ab – selbst wenn beide Personen ungefähr einen identischen Kontostand hatten. Hier war Psychologie gefragt, und auch wenn ich mittlerweile schon zwanzig war, waren mir die verschiedenen Charaktere und Sehnsüchte der Menschen noch nicht besonders vertraut, vielfach sogar ziemlich fremd. Meine Schwester Pauline hatte gerade geheiratet und wollte mit ihrem Mann ein Haus bauen, das waren ihre Wünsche. Johanna wollte nach Australien und dort eine Schafsfarm leiten. Florian und ich sparten für ein kleines Auto. Meine Eltern waren einfach froh, dass sie gesund waren.

Nachdem ich mich mit meiner abgeschlossenen Ausbildung stolz kaufmännische Angestellte nennen konnte und eine exzellente schriftliche Prüfung hingelegt hatte, blieb ich in der Filiale Neustadt. Man wollte mich dort gern behalten, und ich hatte auch nichts dagegen, dort zu bleiben, denn unter den sehr freundlichen Kollegen hatte ich mich in dem letzten Jahr sehr wohl gefühlt. Mein Coach war Clemens Glander, einer der langjährigen Berater in dieser Geschäftsstelle. Er machte einen ersten Kundentermin für mich aus – das war aber auch eigentlich alles, was er für mich tat. Danach kümmerte er sich nur noch um seine eigenen Angelegenheiten, und weil er kaum den Mund aufbekam, mochte ich mich ihm später auch nicht anvertrauen, um mit ihm über diese oder jene Schwierigkeiten zu sprechen, obwohl das eigentlich eine wichtige Aufgabe von einem Coach gewesen wäre.

»Was soll ich in dem Gespräch bloß anbieten?«, fragte ich, während ich in meinem Kopf die gesamte Produktpalette von Versicherungsangeboten, Pfandbriefen, Staatsanleihen bis hin zu Bundesschatzbriefen abspulte. Immobilien- und Schiffsfonds sowie verschiedene Zertifikate gehörten auch dazu, aber gerade Letztere waren noch nicht so lange im Handel wie die anderen Bankprodukte und wurden meist nur von speziellen Beratern veräußert. Mehrere Hochglanzbroschüren mit beeindruckenden Kurven und enormen Zinsgewinnen hatte ich zwar schon durchgelesen, aber wer genau die Zertifikate auflegte und wie sie strukturiert waren, das hatte ich den farbigen und aufwendig gestalteten Heften – manche waren so dick, als würden sie mit dem Neuen Testament konkurrieren wollen – noch nicht entnehmen können. Aber ich stand ja erst am Anfang meines Berufslebens und wusste, dass man viele Fortbildungen machen konnte, um in diese Welt weiter vorzudringen.

Ich war jetzt erst einmal froh, eine »richtige« Bankkauffrau zu sein. Jeder aus meiner Familie hatte mir gratuliert, mir gesagt, dass ich mich glücklich schätzen könne, so einen »anständigen Beruf« zu haben, der so viel Ansehen hat und in dem ich auch noch besser als in vielen anderen Berufen verdienen würde. »Und denke an all die Aufstiegschancen, Maria! Du kannst eines Tages sogar Filialleiterin werden.« Hätten sie damals alle mehr über den Beruf gewusst, sie hätten mir bestimmt nicht so überschwenglich gratuliert.

»Datenabgleich«, meinte mein Coach vor dem Termin.

»Wie? Datenabgleich?«

»Sie bringen die Daten des Kunden auf den aktuellen Stand. Das ist Ihre Aufgabe bei dem Treffen.«

»Meinen Sie damit, dass ich mit dem Kunden eine Liste seines Vermögens aufstellen soll?«

»Viel einfacher. Es geht um Wohnort. Familienstand. Telefonnummern, geschäftlich und privat. Der Mann war vor einem Jahr das letzte Mal in unserer Bank; es könnte sich zwischenzeitlich was verändert haben. Zum Schluss stellen Sie in einem Finanzcheck seine Ziele fest.«

»Finanzcheck? Ziele?«

»Vielleicht haben Sie ja schon mal wahrgenommen« – das war eindeutig ein Seitenhieb, aber in der Ausbildung hatte mir keiner in der Bank davon erzählt –, »dass wir hier ein Blatt vorbereitet haben, auf dem der Berater in einem Check-up-Bogen nicht nur die Anschrift des Kunden festhält, sondern auch die Ziele und Wünsche. Da geht es um den Ruhestand, ob man staatliche Vergünstigungen nutzen will oder von einem Eigenheim träumt. Und wenn die betreffende Person etwas hat, woraufhin sie sparen möchte, dann fragen Sie, wie wir als Bank dabei behilflich sein können, diesen Wunsch zu realisieren. Sie können dann auch gleich die Summe in den Check-up-Bogen eintragen, die der Kunde bereit wäre, für sein persönliches Ziel einzusetzen.«

War die Bank ein Spielcasino?, überlegte ich im Stillen. Ein Roulettetisch, auf dem man Einsätze plazierte? Laut sagte ich: »Aber wird ein Kunde seine Lebensträume so einfach preisgeben?«

»Es ist Ihre Aufgabe, dass er das tut.«

»Sind Sie dabei, wenn ich das Gespräch führe?«

»Nein, das werden Sie allein bewältigen müssen. Hier geht es ja nicht um einen Abschluss, da könnte die Person, die Ihnen gegenübersitzt, nur misstrauisch werden, wenn sie mit zwei Beratern konfrontiert wird.«

Damit war das Gespräch beendet. Ich schwitzte. Schnell suchte ich die Daten des Kunden aus dem Computer heraus und druckte sie aus. In einer halben Stunde sollte Jürgen Binder in unserer Filiale auftauchen. Erleichtert registrierte ich, dass er erst dreißig war. Das war sicherlich einfacher als ein Sechzigjähriger, der sich kaum etwas von einer jungen Frau sagen lassen würde. Bayerische Männer können da sehr stur sein. Außerdem angelte ich noch nach einem solchen Check-up-Bogen – mein Coach hatte mir gezeigt, wo sie lagen –, um mir die wichtigsten Punkte einzuprägen.

In einem der unterschiedlich gerasterten Check-up-Segmente stand eine Frage, die mir mehr als hirnrissig vorkam: »Wollen Sie sparen und gewinnen?« Ja, wer wollte denn sparen und verlieren?

Der Termin verlief dann aber sehr gut. Jürgen Binder war nett, gegeltes blondes Haar, er trug einen legeren hellgrauen Anzug, Turnschuhe und eine schwarze modische Brille. Ich konnte mit ihm problemlos den Datenabgleich vornehmen, und er beantwortete alle meine Fragen, ohne zu zögern oder deren Berechtigung anzuzweifeln. Man merkte, dass er in der IT-Branche arbeitete und ein Kind der Internetgeneration war, dem es nichts ausmachte, persönliche Informationen preiszugeben. Hätte er Birkenstockschuhe und selbstgestrickte Wollpullover getragen, hätte ich mit Widerstand rechnen müssen, oder zumindest mit kritischen Einwürfen, wozu man denn diese Daten bräuchte – das wusste ich zu diesem Zeitpunkt aber auch noch nicht, sondern erfuhr ich erst später. Nicht so Jürgen Binder, er war keiner, dem es um Datenschutz ging. Er war ledig, gerade in eine größere Wohnung gezogen und verdiente nicht schlecht. Einige meiner Freundinnen hätten sich den Junggesellen sicher gern mal näher angesehen.

Doch nun kam der noch heiklere Part:

»Können wir von der Bank denn etwas für Sie tun? Sparen Sie auf etwas Bestimmtes?« Vorsichtig legte ich ihm das Blatt mit dem Check-up auf den Tisch, das in seiner Klarsichthülle auch nicht attraktiver aussah.

»Irgendwann will ich mir eine Eigentumswohnung kaufen, für mich und meine zukünftige Familie.« Jürgen Binder lächelte versonnen, ohne auch nur einen einzigen Blick auf das Papier vor ihm zu werfen. Im Vergleich zu seinem Anzug sah es aber auch irgendwie schäbig aus. Und ich war auch ganz froh darüber, dass er nicht genauer hinsah, denn wenn er sich den Check-up-Bogen genau angeschaut und mich auf den Part »Wollen Sie sparen und gewinnen« aufmerksam gemacht hätte, ich wäre rot angelaufen wie ein Hummer in kochend heißem Wasser. Was hatte er gerade gesagt, »zukünftige Familie«? Die Glückliche, dachte ich.

»Aber Sie könnten mir einen Gefallen tun«, fuhr der Kunde fort. »Meine Tante Erika hat für mich ein Sparbuch angelegt, als ich noch ein Kind war. Es ist bei einer Passauer Bank. Meinen Sie, der Betrag könnte auf mein Konto bei Ihnen überwiesen werden?« Er lächelte noch breiter, aber mein Typ war er nicht. Zu viel Lächeln kann auch nerven.

»Selbstverständlich«, antwortete ich. »Wissen Sie, um welchen Betrag es sich dabei handelt?«

Wie schon geahnt, hatte Tante Erika ihrem Neffen einiges zukommen lassen; solche Verwandtschaft hätte ich auch gern gehabt – andererseits hätte ich keine Tante der Welt gegen meine Cilli tauschen wollen.

»Wollen Sie das Geld nicht auf ein Zuwachskonto tun? Dabei haben Sie eine Laufzeit von fünf Jahren, und mit jedem Jahr erhalten Sie mehr Zinsen«, fuhr ich mutig fort, nachdem mir Jürgen Binder die Summe genannt hatte – stolze 30 000 Euro. Mutig war ich deshalb, weil ein Abschluss bei diesem Termin von vornherein gar nicht beabsichtigt war. Egal. Eine Laufzeit von fünf Jahren bedeutete für die Bank, dass sie mit dem festgelegten Betrag arbeiten konnte, ohne dass der Kunde die Summe plötzlich von heute auf morgen abheben durfte. Und »arbeiten« bedeutete wiederum, Geschäfte zu tätigen, die das Vermögen der Bank vermehren sollten.

»Ja, klar«, sagte der stetig weiterlächelnde Junggeselle. »Und wenn es mit anderen Dingen noch mehr Zinsen gibt, dann bin ich auch dafür zu haben. Fonds oder so. Da soll man doch bis zu acht Prozent bekommen, oder?« Jürgen Binder zwinkerte mir nun zu.

Mit Fonds kannte ich mich nicht aus, dazu hätte ich einen anderen Kollegen hinzurufen sollen, aber so strategisch konnte ich am Anfang meiner Karriere – denn die wollte ich schließlich machen – noch nicht denken. Ich pries also weiter mein Zuwachskonto an, das mir in der Tat äußerst vorteilhaft schien. Immerhin gab es mehr Zinsen als auf dem normalen Konto, und zudem war es vollkommen risikolos. Schließlich willigte Jürgen Binder ein, die Hälfte von Tante Erikas Geld dafür zu verwenden, über die andere, so sagte er am Ende des Gesprächs, könne man ja noch mal nachdenken.

Der Kunde war zufrieden, ich war zufrieden.

Als er die Bank verlassen hatte, erzählte ich von meinem ersten Termin. Julia Kroll, eine sympathische Kollegin mit dichtem kurzem rubinrotem Haar, das in der Sonne wie Weinblätter im Herbst leuchtete, Halbtagskraft und Mutter von zwei Kindern, gratulierte mir sogar: »Das ist ja klasse, gleich bei deinem ersten Kundengespräch hast du einen Abschluss getätigt. Es hätte ja auch sein können, dass der sofort wieder geht. Gut gemacht!« Bis auf meinen Coach und einen anderen Mitarbeiter duzten wir uns alle.

Manfred Deckstein, ein weiterer Kollege, musste natürlich Einwände erheben: »In dem Fall hätte man doch noch etwas anderes machen können, was der Bank mehr Provision gebracht hätte, nicht so ein Larifari-Zuwachssparbuch. Das bringt letztlich wenig. Eine echt gute Versicherung oder einen tollen Fonds zum Beispiel, das wäre es gewesen. Da bekommt die Bank einen Ausgabeaufschlag von fünf Prozent.«

»Immer musst du nur ans Business denken«, warf Julia ein. »Es war Marias erster Termin. Du hast auch mal klein angefangen.« Später stellte ich fest, dass alle so denken sollten wie Manfred Deckstein, der stets im Anzug mit Weste zu seinem Job erschien. Der Anzug war noch okay, aber die Weste wirkte lächerlich. Wollte er damit einen Broker imitieren, der an der Wallstreet arbeitete? Vielleicht kam das bei den Neustädtern gut an, aber in Altdorf hätte man sich das Maul über ihn zerrissen.

In diesem Moment kümmerte es mich jedoch wenig, was er gesagt hatte. Ich war nur froh, dass das Gespräch vorbei war, ich keine Fehler gemacht und von Julia sogar ein Lob bekommen hatte. Das motivierte mich sehr. Und wer weiß, vielleicht würde Jürgen Binder mit der zweiten Hälfte von Tante Erikas Geld eine Anlage wählen, wie sie Herrn Deckstein vorschwebte. Zugleich hatte mein Bild über unser seriöses Geldinstitut aber einen ersten kleinen Riss bekommen. Mit dem Datenabgleich und dem Finanzcheck machte die Bank aus einem Menschen ein handhabbares, gläsernes Konstrukt, den man über seine Träume und Wünsche an den richtigen Stellen anzapfen konnte. So klar konnte ich es damals aber noch nicht formulieren, es war mehr eine Ahnung.

Julia Kroll, Clemens Glander und Manfred Deckstein hatten von der Bank Ziele gesetzt bekommen, die sie erfüllen mussten. Da ich noch keine »vollständige Beraterin« war – erst im Februar 2004 durfte ich mich so nennen, wenn ich nach meinen schriftlichen Prüfungen auch die mündlichen absolviert hatte –, wurde ich noch verschont. Nur einen Tag nach meiner letzten Prüfung unterschrieb ich meinen Vertrag als Bankberaterin, und am übernächsten Tag erhielt ich auch gleich meine Ziele per E-Mail. Da las ich, aufgeteilt nach Quartalen, was von mir erwartet wurde:

Ich musste eine bestimmte Anzahl an Abschlüssen mit Kunden tätigen, die monatlich etwas sparen sollten, unterteilt in Produkte, die die Bank selbst herausgab, und in fremde Fonds, etwa Investmentfonds.

Unsere Bank hatte eine Partnergesellschaft in diesem Bereich, die ein breites Angebot in ihrem »Sortiment« hatte: Rentenfonds, Aktienfonds, Geldmarktfonds, Garantiefonds, Immobilienfonds, ausgeklügelte Steuersparmodelle. Bei einem Aktienfonds, so lernte ich, der auf Basis des Deutschen Aktienindex berechnet wurde, sind alle DAX-Unternehmen enthalten. Investiert man sein Geld in einen solchen Fonds, hat man im Endeffekt weniger Risiken, als wenn man sein Kapital in eine einzelne Firma steckt. Doch unabhängig davon waren all diese Produkte mit einem Ausgabeaufschlag verbunden, der Manfred Decksteins Augen zum Leuchten brachte. Diese künstlich erzeugten Gebühren, die zwei, drei, ja, bis zu fünf Prozent betragen können, zahlte der Kunde. Daraus ergab sich also, dass diese Geldanlagen für die Banken ein *big business* waren. Entsprechend groß war der Druck, den die Führungsetage einer Bank auf die einzelnen Filialen ausübte. Das sollte ich mit der Zeit noch auf bittere Art und Weise erfahren.

Vor dem Crash der Lehman Brothers im September 2008 verschwieg man gegenüber den Kunden gern die Ausgabeaufschläge. Mittlerweile sind die Banken verpflichtet, sie zu erwähnen, es muss sogar in einem obligatorischen Beratungsprotokoll festgehalten werden, dass der Kunde darüber informiert wurde. Die Beratungsprotokolle wurden im Januar 2009 eingeführt, ein halbes Jahr hatte ich auch noch mit ihnen zu tun – dann kündigte ich.

All die verschiedenen Fonds waren in verschiedene Risikoklassen eingeteilt, was man vor 2009 auch nicht direkt dem Kunden gegenüber kommunizieren sollte. Die Bank hatte nur ein Interesse: Die Fonds zu verkaufen, die den höchsten Ausgabeaufschlag einbrachten. Ich selbst durfte nur in den Risikoklassen 1 und 2 tätig werden, für die weiteren, zu denen etwa die Immobilienfonds gehörten, hatte ich keine Verkaufsberechtigung. Ausgenommen von dieser Regel waren jene Finanzprodukte, die von unserer Bank selbst empfohlen wurden, die sogenannten »Hausvorschläge«. Dann war es mir hin und wieder auch erlaubt, eine Wertanlage aus Klasse 3 zu einer Vertragsunterschrift zu führen.

Neben den Fonds musste ich während eines Quartals aber auch eine bestimmte Anzahl von festverzinsten Wertpapieren wie Anleihen, Inhaberschuldverschreibungen oder Bundeswertpapieren an den Sparer bringen, dazu Bausparverträge und Versicherungsleistungen.

Nachdem ich die lange Liste von oben nach unten durchgesehen hatte und mir der Kopf schwirrte, stand am Ende eine Summe: 15 000 Euro.

»Was bedeutet dieser Betrag?«, fragte ich Julia. Clemens Glander wollte ich damit lieber nicht belästigen, von ihm hätte ich sicher nur den nächsten Seitenhieb bekommen. Außerdem hatte ich schon in der Ausbildung Vertrauen zu Julia gefasst. Sie würde mich nie abkanzeln, sondern immer Verständnis für mich haben.

»Das ist die Provisionssumme, die du gegenüber der Bank zu erbringen hast.«

»Ist das viel oder wenig?« Ich konnte mir darunter nichts vorstellen, von diesen Zielen hatte ich bislang nur am Rande gehört. In der Ausbildung kein einziges Wort.

»Das kommt auf den Ausgabeaufschlag des Produkts an. Ich sage dir mal ein Beispiel: Bei 10 000 Euro und zwei Prozent sind es 200 Euro, wobei dir aber nur 20 Euro angerechnet werden.«

»Aber weshalb bloß 20 Euro?« Ich musste tief schlucken, als ich das hörte. Wie sollte man da auf 15 000 Euro im

Quartal kommen? Was musste ich da täglich »umsetzen«? Immerhin arbeiteten insgesamt sechs Berater in unserer Bank. Gab es überhaupt so viele reiche Menschen in Neustadt, die mal so eben 10 000 Euro anlegen wollten, womöglich noch mehr und am besten auch noch alle viertel Jahre?

»Das ist das System«, erklärte Julia. »Das hat man sich hier in der Bank nun mal so ausgedacht.«

Meine geheimen Bedenken äußerte ich nun laut: »Aber wie soll ich 15 000 Euro schaffen?« Vor meinen Augen tauchen unendliche Zahlenkolonnen auf, die nie ein Ende nehmen würden. Ein Alptraum, der aber sehr real war. Zigtausende von Euro sollte ich alle drei Monate umsetzen, und aus meiner Ausbildung wusste ich, dass die wenigsten Sparer freiwillig zur Bank kamen, um ihr Geld, das sie auf dem Girokonto oder einem Sparbuch hatten, in risikofreudigere Produkte zu stecken. Das hieß real: Man musste sie zu ihrem Unglück zwingen. Und ihnen dazu ihr Unglück als Glück verkaufen. Mit den klassischen Wertanlagen wie Wertpapiere oder auch die Festgeldsparbücher hatte ich keine Probleme, aber was man mir da mit den Hochglanzbroschüren, den Verkaufsprospekten, auf den Tisch gelegt hatte, war mir schon nach dem ersten flüchtigen Durchlesen suspekt vorgekommen. Extrem hohe Zinsen wurden versprochen, sieben oder acht Prozent waren keine Seltenheit, immer ging es darum, was man gegenüber dem Vorjahr erreicht hatte – natürlich stets mehr, Tendenz steigend. Wurden etwa Investitionsvolumen angesprochen, handelte es sich immer um »Rekordjahre«. In jeder Branche wurde von einem »verstärkten Wachstum« ausgegangen, von »neuen Impulsen«. Immer stand irgendwo, dass die kalkulierten Gewinne die Risiken überstiegen. Das war aber genau das, was ich von Anfang an in meiner kaufmännischen Ausbildung zu meiden gelernt hatte. Da war man mit allem etwas vorsichtiger, doch das schien hier auf einmal keine Rolle mehr zu spielen.

»Mit der Zeit wird dir das gelingen«, beruhigte mich Julia. »Du wirst dich schon daran gewöhnen. Mit Garantiefonds kannst du die meisten Umsätze machen, die bringen fünf Prozent.« Zu diesem Zeitpunkt wusste ich noch nicht, dass Julia sich selbst noch nicht daran gewöhnt hatte, obwohl sie dreizehn Jahre länger als ich bei der Bank tätig war. Aber an diesem Tag wollte sie mir einfach nur Mut machen.

Mich interessierte noch etwas anderes: »Hast du auch ein solches Ziel, musst du auch 15 000 Euro erreichen?«

Julia lachte laut. »Nein, meine Provisionssumme ist viel höher. Das hängt aber damit zusammen, dass ich einen ganz anderen Kundenkreis habe als du, ältere Stammkunden, die schon einiges im Leben erreicht haben, auch finanziell. Du bist noch jung, und du wirst hauptsächlich jüngere Kunden betreuen, schon allein aus Gründen der Glaubwürdigkeit.« In diesem Moment fragte ich mich, ob »betreuen« überhaupt das richtige Wort war. Betreut hatte ich vielleicht Tante Cilli, ich war auch eine Betreuerin der Kleinen während der Bibeltage. Aber das hier war doch etwas ganz anderes. Man warf nicht mal wie ein Angler seine Rute aus, in der Hoffnung, ein Fisch würde anbeißen. Um 15 000 Euro im Quartal einzufahren, brauchte man Köder, die bei weitem die Anziehungskraft eines Wurms übertreffen. »Jüngere, die gerade ins Berufsleben starten, haben natürlich nicht so viel Geld«, fuhr Julia fort. »Deshalb hat man dein Ziel noch sehr niedrig angesetzt.« Niedrig? Ich fand mein Ziel ganz und gar nicht niedrig.

»Berufsstarter können doch höchstens 50 Euro pro Monat beiseitelegen – und das ist oft schon viel. Da kann ich kaum mit Garantiefonds kommen. Wie soll das denn gehen?«

»Tja, da kann ich dir nur einen Tipp geben: Mache so viele Kundentermine wie möglich. Ruf die Leute an, bitte sie zu einem Termin in die Bank. Charmiere sie.«

Frieda Beyer konnte die Kunden vielleicht einwickeln, damit sie noch den Rostbraten kaufen, den sie eigentlich gar nicht wollten, aber hier ging es doch nicht um ein Stück Fleisch. Oder doch? Sollten hier etwa Menschen zur Schlachtbank geführt werden? Maria, schalt ich mich selbst, nun male nicht gleich alles schwarz.

»Aber sag mal«, fragte Julia nun, »wie viel musst du eigentlich bei den Bausparern zusammenbringen? Wie hoch ist dein Bausparziel?«

Ich blickte auf meinen Zettel. »Hier steht eine Summe von 200 000 Euro.« Wobei ich gar nicht wissen wollte, wie viel Provision man mir davon für meine 15 000 Euro anrechnen würde – sollte ich jemals eine solche Bausparsumme zusammenbringen.

Julia klärte mich dennoch auf: »Diese Summe musst du dir besonders hart erarbeiten, und sie hat nichts mit deinem Provisionsziel zu tun.«

»Und wieso dann hart erarbeiten?«

»Da du am Anfang noch nicht allein die Verträge aufsetzen darfst, sondern nur mit einem Bausparberater, rechnet man dir bloß 60 Prozent von dem eingezahlten Betrag an, 40 Prozent bekommt dein Kompagnon. Schließt also ein Kunde einen Vertrag auf eine Bausparsumme von 200 000 Euro ab, so musst du nicht denken, dass du dich in diesem Quartal auf deinen Lorbeeren ausruhen kannst. Man wird dir am Ende nur 120 000 Euro anrechnen. Und ein Abschluss über 200 000 Euro ist hier bei uns in der Gegend selten, Neustadt liegt nicht am Starnberger See. Das heißt, drei Verträge müssen es in den drei Monaten mindestens sein, damit du dein Soll erfüllst. Neben der Summe geht es auch um die Stückzahl.«

»Bauen überhaupt so viele Menschen Häuser?«, fragte ich. »Wenn ich mir all die Banken in den einzelnen Ortschaften anschaue, von denen es ja mehr gibt als Bäckereien, und die haben sich schon verbreitet wie Maulwurfshügel auf einem gepflegten Rasen, und wenn alle Berater solche Ziele haben – das scheint doch eine Unmöglichkeit zu sein.«

»Denk lieber nicht darüber nach.«

Julia wurde unruhig, gern hätte ich sie noch gefragt, ob sie darunter leiden würde, ständig nach Menschen Ausschau halten zu müssen, die ohne ihr Wissen zu unserer Zielscheibe wurden. Ich ging jedenfalls davon aus, dass kaum einer der Passanten wusste, wie es hier im sogenannten Backoffice der Bank zuging. Wie wir mit einer Provisionsliste dasaßen und uns überlegen mussten, wie man an ihr schwer erarbeitetes Geld kommen konnte. Das wagte ich aber nicht mehr, Manfred Deckstein schaute schon mit finsteren Blicken zu uns hinüber. Anscheinend hatte er einen Teil unseres Gesprächs mitbekommen – hatte er etwa gelauscht? –, denn er sagte: »Kunden, die beim Bausparvertrag mit 10 000 Euro kommen, kannst du gleich vergessen. Da brauchst du dir nicht den Mund fusselig zu reden, das wäre nur vergeudete Zeit.«

Er musste es wissen, er galt als einer der Topberater der Bank.

4
»Jungtiere« zur Schlacht-Bank führen

Hätte ich einfach nur im Service weiterarbeiten können, die Welt wäre in Ordnung gewesen. Aber Thomas Mädler, mein Chef, wollte mich vollständig als Beraterin einsetzen, obwohl in meinem Arbeitsvertrag stand, dass ich beide Bereiche zur Hälfte ausüben sollte. Davon konnte jedoch von Anfang an nicht die Rede sein. Ich hatte tagein, tagaus in meinem Büro im Backoffice zu sitzen und Ziele zu erfüllen. Dabei bereiteten mir nicht nur die unübersichtlichen Finanzprodukte immer mehr Magenschmerzen, den größten Leidensdruck brachte mir der Kontakt mit den Kunden, denen ich etwas »andrehen« sollte. Doch bevor ich überhaupt etwas loswerden konnte, mussten sie in die Bank kommen und mir gegenübersitzen.

Angesichts zunehmenden Onlinebankings und weitverbreiteter Geldautomaten konnte man Neustadt nicht mit Altdorf oder Mittelbrunn vergleichen, wo die Ortsbewohner eine Bank noch als Kommunikationsbörse ansahen. Mit anderen Worten: Um Kunden zu kontaktieren, musste ich sie anrufen. Eigentlich schrieb ich sie erst an, aber da letztlich niemand auf die Briefe reagierte – ich hätte ein solches Schreiben auch sofort in den Mülleimer geworfen, es war ja keine Rechnung –, gab es nur noch das Telefon. Und das war mühsam. Wer wollte schon freiwillig zu einem Termin bei der Bank erscheinen, wenn draußen die Sonne schien und man in seiner Freizeit wunderbar eine Latte macchiato in einem der vielen schönen Cafés von Neustadt trinken konnte?

Doch ich kam nicht umhin, mich hinzusetzen und den Hörer in die Hand zu nehmen, um die auserwählten Kunden anzurufen. Jedes Mal, wenn das Freizeichen mit einem Knack beendet wurde und der Anrufbeantworter anging, war ich fast froh, denn dann konnte ich wieder auflegen – leider musste ich aber auf meiner Liste einen Vermerk machen, dass ich es später erneut versuchen würde. Meldete sich der Teilnehmer, hatte ich meinen Spruch aufzusagen, etwa:

»Grüß Gott, ich bin Maria Eder von der Bank in Neustadt. Sie beziehen da seit drei Monaten auf Ihrem Konto ein höheres Gehalt. Haben Sie vielleicht schon einmal in Betracht gezogen, eine Summe davon exklusiv zu sparen? Vielleicht kommen Sie demnächst vorbei, dann können wir uns ja darüber unterhalten …« Oder: »Sie haben 15 000 Euro auf Ihrem Sparbuch liegen – es wäre doch schade, wenn es nicht weiter für Sie arbeiten würde. So erhalten Sie nur ein paar Prozent Zinsen, aber wenn Sie etwa diese Anleihe wählen, bekommen Sie zwei Prozent mehr. Ich würde Sie gern näher darüber informieren. Es wäre schön, wenn Sie deswegen zu einem Termin in die Bank kommen …«

Wenn man einen solchen Grund nicht hatte, versuchte man die Person durch einen Datenabgleich in die Bank zu locken. Der Datenabgleich, den ich auch mit Jürgen Binder vorgenommen hatte, war im Grunde der typische Aufhänger. Oder man benutzte den Ausweis als erfundenen Vorwand zur Kontaktaufnahme: »Sie wissen ja, Frau Obermüller, dass die Bank immer eine aktuelle Ausweiskopie braucht. Das ist so üblich. Unsere letzte von Ihnen ist über zehn Jahre alt. Sie haben aber in der Zwischenzeit sicherlich einen neuen bekommen. Mögen Sie nicht einmal bei uns in der Bank reinschauen und eine neue Kopie vorbeibringen? Was, es ist für Sie schwierig, an einen Fotokopierer zu kommen? Kein Problem, wir können das für Sie erledigen!«

Manche stimmten so einem Termin zu, aber auch nur, das war deutlich zu spüren, um das Gespräch, das ihnen lästig war, zu beenden. Diese Kunden ignorierten dann auch konsequent die Verabredung, so dass man vergeblich auf sie im Büro wartete. Andere, die mir zwar später leibhaftig gegenübersaßen, weil sie nun einmal nicht absagen oder mich gar versetzen mochten, waren geistig nicht anwesend. Ich konnte sagen, was ich wollte, nach drei Minuten war klar, dass man mir nicht zuhörte. Mein Gegenüber dachte daran, die Kinder aus der Vorschule abzuholen oder sie neu einzukleiden, an das Auto, das zur Werkstatt gefahren werden musste, an das Essen, das man am Abend kochen wollte. Für all das brauchte man natürlich Geld, da wollte man nichts sparen, um am Ende monatlich noch weniger zum Ausgeben zu haben. Finanzcheck hin oder her – ich brach in diesen Fällen ab. Jede weitere Minute hätte nur die Nerven von beiden Parteien strapaziert. Kein Kunde wird sich in einer solchen Stimmung für eine optimale Absicherung oder für hohe Bankprämien interessieren, mögen die monatlich einzuzahlenden Beträge noch so klein sein.

Schlimm war es auch, wenn ich am Gesichtsausdruck und an der Körperhaltung ablesen konnte, wie unangenehm den Kunden die ganze Situation war. Da konnte ich sie ebenfalls nicht länger leiden lassen und beendete augenblicklich den Termin – außer es war ihnen deshalb unangenehm, weil sie etwas auf dem Herzen hatten, das sie nicht so leicht zur Sprache bringen konnten, etwa der Abschluss einer Pflegeversicherung, weil in der Verwandtschaft ein Pflegefall eingetreten war. Was war daran so furchtbar,

Tante Cilli war auch einer gewesen? Aber die Denkweisen einiger Menschen gaben mir manches Rätsel auf.

Angerufene Kunden sagten mir auch klipp und klar am Telefon: »Hey, Sie wollen mir doch nur irgendwas verkaufen, da sind Sie bei mir an der falschen Adresse.« Oder: »Wissen Sie, die Angebote Ihrer Bank sind so wenig reizvoll, ich werde zwar noch mein Girokonto bei Ihnen behalten, aber mein Geld werde ich bei einem anderen Institut anlegen.« Manche wurden sogar aggressiv: »Es geht Sie überhaupt nichts an, was ich mit meinem Geld machen möchte.« Da hatte derjenige nicht ganz unrecht.

Am häufigsten jedoch waren Ausreden: »Oh, wissen Sie, das passt mir momentan ganz und gar nicht. Ich fahre demnächst in Urlaub, aber danach können Sie sich wieder mal melden.« Hatte man einen nächsten Anlauf in fünf Wochen notiert, hieß es dann: »Das tut mir aber leid, gerade ist meine Schwiegermutter zu Besuch gekommen. Sie bleibt nur einen Monat, und da will ich sie nicht so viel allein lassen. Aber wenn Sie es danach noch mal versuchen möchten?« Alles war gelogen, aber ich verstand schon, dass sie mir bei meinen Anrufen nicht um den Hals fielen nach dem Motto: »Toll, dass Sie mich ausgewählt haben, Ihre attraktiven Produkte kennenzulernen. Wenn Sie nicht angerufen hätten, ich wäre zu Ihnen in die Bank gekommen. Sie können sicher sein, gleich morgen bin ich bei Ihnen.«

Immerhin gab es einige Kunden, die sich darüber freuten, dass man sich um sie kümmerte, sich für ihre Hobbys interessierte und sich Zeit für sie nahm. Sie waren jedoch lange nicht in der Mehrzahl.

Stefan Haselbeck war ein Jahr älter als ich. Vor zwei Jahren hatte er seine Ausbildung als Koch beendet und eine Anstellung in einem großen und renommierten Gasthof gefunden. Sein Gehalt war nicht üppig, aber manche verdienten weniger. Vielleicht würde er Chefkoch werden, vielleicht selbst einmal ein Lokal führen. Auf jeden Fall sollte er rechtzeitig mit der Altersvorsorge beginnen. Eine Zielberatung wäre da doch angebracht, fand ich. Über sein Handy hatte ich ihn gefragt, ob er nicht mal vorbeikommen wolle, man könne ja zusammen überlegen, ob er sein »ganzes Geld auf den Kopf hauen« oder nicht doch den einen oder anderen klugen Zukunftsgedanken entwickeln wolle. Stefan Haselbeck lachte, ich hatte den richtigen Ton getroffen, um ihn zu einem persönlichen Gespräch zu animieren.

Polizisten konnten die Menschen einfach aufs Revier bestellen, das ging bei meiner Arbeit nicht. Aber ich war ja nicht umsonst auf die »jungen Gehaltsempfänger«, wie wir sie bei uns in der Bank nannten, angesetzt worden. Von jung zu jung konnte ich vielleicht mehr erreichen, als wenn ein Mittzwanziger mit einem väterlichen Beratertyp konfrontiert worden wäre.

Um zum Beispiel diese jungen Gehaltsempfänger ermitteln zu können, benötigte man unter anderem den Datenabgleich, denn durch die so gewonnenen Informationen konnte man die unterschiedlichsten Listen und Auswertungen zusammenstellen, etwa nach Alter, Berufsstand, Vermögenssituation, ähnlichen Zielvorstellungen etc. Auf diese Weise war es auch möglich, alle Kunden herauszufiltern, die einen Gehaltseingang von monatlich 2000, 5000 oder 7000 Euro hatten, wobei zugleich festgehalten wurde, wie lange die Konten schon derart hohe Bezüge aufwiesen. Man musste nur wissen, nach welchem Schema sich der optimale Kunde zusammensetzt, welches Suchprogramm man also starten sollte, um dieses oder jenes Produkt möglichst erfolgreich loszuwerden.

Mir hatte man gerade eine Liste in die Hand gedrückt, auf der all diejenigen standen, die erst vor wenigen Jahren ihre Ausbildung beendet hatten, darunter gesondert hervorgehoben die männlichen und weiblichen Kunden, die erst seit einigen Monaten im Berufsleben standen. Für sie hatte die Bank spezielle »Starterpakete« im Angebot. Bei der Übergabe der Liste legte mir Manfred Deckstein nahe: »Diese jungen Menschen müssen an unsere Bank gebunden werden. Sie haben da eine verantwortungsvolle Aufgabe zu übernehmen.« Was nichts anderes hieß, dass ich Bankjunkies aus ihnen machen sollte, angefixt von einer wundersamen Vermehrung jener Taler, in denen Dagobert Duck so gern schwimmt, der ja unser aller Vorbild ist – das wurde stillschweigend vorausgesetzt.

Da stand Stefan Haselbeck nun in der Bank, in Jeans und Jacke, gut gebaut, braune Haare à la Johnny Depp. War die Frisur bei seinem Job günstig?, überlegte ich sofort. Aber wahrscheinlich machte er sich bei seiner Arbeit ohnehin einen Zopf. Stefan Haselbecks Händedruck war so, dass ich ihn weniger mit dem Tranchiermesser in der Küche hantieren sah, denn mit einem Fleischklopfer. Meine rechte Hand fühlte sich hinterher an wie ein extrem flach gepresstes Schnitzel; zu gern hätte ich sie mit der linken wieder in Form gebracht, aber das wäre eine schlechte Ausgangsbasis für unser Gespräch gewesen. Ansonsten war er ein sympathischer, offener Typ.

»Kommen Sie«, sagte ich und zeigte Stefan Haselbeck den Weg zum Besprechungsraum. Es war vormittags, sein Dienst im Restaurant begann an diesem Tag erst am späten Nachmittag, deshalb hatte er sich diesen frühen Termin ausgesucht. Später würde ich noch einen zweiten Termin haben, mit einer jungen Frau, die gerade ihre Prüfung als Einzelhandelskauffrau bei einer Outdoor-Geschäftskette absolviert hatte. Zwei Termine pro Tag waren zwar viel zu wenig, aber ich wollte einfach nicht auf meine Arbeit im Schalterbereich verzichten, da versuchte ich meinen Dickkopf durchzusetzen. Zum Glück, sonst hätte ich nur noch meine Listen abtelefonieren können.

»Kaffee? Wasser?«, fragte ich. Wir hatten für unsere Kunden extra eine teure Kaffeemaschine angeschafft, um wenigstens auf dieser Ebene mit einem Café konkurrieren zu können.

»Kaffee, gern«, antwortete Haselbeck.

Nachdem der Espresso vor ihm stand, die Daten abgeglichen waren und ich dem Kunden den berühmten Check-up-Bogen vorlegen wollte, sagte der: »Eigentlich bin ich nur gekommen, weil Sie so nett am Telefon klangen. Glauben Sie nur nicht, dass ich mich von Ihnen zu irgendwelchem Alterskrempel überreden lasse. Ich bin jung, ich will leben, will mit meinem Geld die Welt sehen. Kommen Sie mir also nicht mit irgendwelchen Angeboten, die ich sowieso nur ablehnen werde.«

»Kann ich gut verstehen«, erwiderte ich. »Ich würde auch gerne mehr reisen und andere Länder kennenlernen, aber dummerweise werden wir von dem, was wir an Rente einzahlen, später, mit achtundsechzig oder siebzig, nicht leben können.«

»Hey, sind Sie schon so eine Spießerin? Sie sehen doch gar nicht so aus. Wer weiß denn schon, was in vierzig, fünfzig Jahren sein wird. Hat man Ihnen hier in diesen grauen Räumen mit dem Neonlicht etwa schon Ihre ganze Abenteuerlust abtrainiert?«

Der Vorwurf tat schon ein bisschen weh, außerdem waren unsere Wände weiß gestrichen, auch die Möbel waren weiß, unterbrochen von warmem Holz. »Na ja«, erwiderte ich, »nicht umsonst bin ich Bankberaterin geworden und nicht Köchin. Vielleicht würde ich dann auch einen anderen Blick auf das Leben haben. Aber es muss schließlich auch Leute wie mich geben, die ein bisschen auf die Absicherung schauen. Ich möchte ja nicht, dass Sie später unter der Brücke leben müssen. Dann können Sie von einem knusprigen Schweinebraten nur träumen.«

Haselbeck grinste, seine goldgrünen Augen blitzten. »Okay, okay. Du hast bestimmt so 'ne zusätzliche Rentenversicherung für mich auf der Palette, oder?«

»Stimmt, und die kann ich nur empfehlen.«

»Aber kann ich damit nicht warten, bis ich dreißig bin? Bis dahin verdiene ich auch mehr und wäre eher so weit, mich um die Zukunft zu kümmern.«

Ich biss mir auf die Lippen. Natürlich hatte er recht, zu gern hätte ich das gesagt, aber dann wäre das Gespräch vorbei gewesen, ohne Abschluss. Beides hätte ich als schade empfunden.

»Na ja, 50 Euro könnten Sie doch im Monat anlegen, ohne dass Sie darauf verzichten müssen, Party zu machen. Ein paar Bier weniger, was macht das schon?«

Am Ende hatte ich Stefan Haselbeck überzeugt. Er investierte genau die 50 Euro, die ich angesprochen hatte. Mehr wäre bei ihm auch nicht drin gewesen, obwohl ich an seiner Stelle noch eine Unfallversicherung abgeschlossen hätte. Doch als ich das Wort nur erwähnte, zogen augenblicklich düstere Wolken über sein Gesicht. Ich wusste, dass ich das Maximum bei ihm herausgeholt hatte.

Als der Koch die Bank verlassen hatte, musste ich sofort zum Geschäftsstellenleiter.

»Wie ist es gelaufen?« Thomas Mädler sprach, ohne seinen Blick von den Unterlagen auf seinem Schreibtisch zu heben.

Kurz erzählte ich, welchen Abschluss ich getätigt hatte.

»So, so«, sagte mein Chef. »Aber Sie wissen ja, dass ich mehr von Ihnen erwarte.«

Mit dieser Bemerkung war ich entlassen. Wütend drehte ich mich um und feuerte tödliche Blitze ab, aber nur in die falsche Richtung. Bis zum nächsten Kundentermin hatte ich mich wieder beruhigt. Aber wieso wurde man so behandelt, obwohl ich doch nur das verkauft hatte, was sich im Angebot der Bank befand? Ich hatte keinen Fehler gemacht. Doch – den größten: Ich hatte nicht für genügend Bankrendite gesorgt.

Nadine Braun hatte sich ihren freien Nachmittag für unser Gespräch ausgesucht. Sie stand auf keiner meiner Listen, sie war nicht durch das Auswertungsraster an mich geraten. Ich hatte sie durch einen Freund kennengelernt, der ebenfalls bei dem Outdoor-Label jobbte. Als ich bei einem gemeinsamen Biergartenbesuch erzählte, wie meine Arbeit aussah, schien sie das zu interessieren. Sie versicherte mir sogar, sie wolle einmal vorbeikommen und sich von mir beraten lassen. Am Ende des Abends tauschten wir Nummern aus, damit ich sie erreichen konnte. Schon bald darauf rief ich sie an, um einen Termin mit ihr auszumachen. Noch war ich trotz aller kritischen Überlegungen sehr euphorisch und hatte vor, meinen Job richtig gut zu machen.

Nadine war pünktlich, und irgendwie strahlte sie mit ihrem gewagten Kurzhaarschnitt und in ihrem sportlichen Outfit etwas Tüchtiges aus. Vielleicht war sie ja auch eine tüchtige Sparerin, überlegte ich. Manchmal wunderte ich mich selbst, wie schnell ich es doch gelernt hatte, die Menschen nach den Bedürfnissen und Zweckvorstellungen der Bank abzuchecken. Ich konnte nicht sagen, dass mir das wirklich gefiel.

»Nächsten Monat bekomme ich mein erstes Gehalt«, erklärte Nadine, nachdem wir in meinem Beratungsbüro Platz genommen hatten. »Davon würde ich gerne etwas sparen. Da ich noch bei meinen Eltern wohne, bin ich auch ganz gut mit meinem Ausbildungsgeld zurechtgekommen.« Ich hatte sie richtig eingeschätzt, und sie war eine der ersten von den Jungkunden, die von sich aus sagte, dass sie sparen wollte. Es war ein angenehmes Gefühl, einmal nicht zu rotieren und sämtliche Vorteile von diesem oder jenem Produkt anpreisen zu müssen.

»An was hast du gedacht?«

»Ich verdiene jetzt 400 Euro mehr, 150 Euro könnte ich davon gut beiseitelegen.«

Perfekt, dachte ich, endlich mal etwas mehr als nur 50 Euro.

»Wie bist du eigentlich versichert? Wollen wir mal einen Versicherungscheck machen?«

Nadine nickte etwas zögerlich, weil sie sich nichts darunter vorstellen konnte, aber schließlich vertraute sie mir, ihr zweites Kopfnicken war schon etwas deutlicher.

Ich rief meinen Kollegen aus einem der Nebenräume an, der auf diesem Gebiet der Spezialist war. Er kam auch gleich vorbei. Bei dem gemeinsamen Gespräch stellte sich heraus, dass Nadine keine eigene Haftpflichtversicherung hatte. Während der Ausbildung war sie bei der Mutter mitversichert gewesen. Das war in Ordnung, aber nun fing ihr eigenes Leben an.

»Die ist wirklich wichtig«, sagte ich zur Bestärkung. »Kostet auch nur 11,90 Euro im Vierteljahr.«

Schließlich schlug ich ihr eine Startpolice für Berufsanfänger vor, bei der sie mit monatlich 50 Euro anfangen sollte. Drei Jahre lang würde sie dieselbe Summe einzahlen, »danach erhöht sich der Betrag etwas, zum Schluss sind es 100 Euro, aber dann wirst du sicher auch mehr verdienen«. Ausgelegt war die Police auf fünfzehn Jahre, wobei sie – ganz großer Vorteil – auch eine Berufsunfähigkeits- und Rentenversicherung abdeckte. Von diesem Produkt war ich ehrlich überzeugt. Als Drittes schlug der Experte eine Riester-Rente vor:

»Wenn man die unter fünfundzwanzig abschließt, bekommen Sie in diesem Jahr noch einen Bonus von 200 Euro.

Sozusagen der Jungtierbonus.« Michael Nieland lachte über seinen eigenen Witz, keiner von uns lachte mit. Er, der in der Stadt aufgewachsen war, dachte wohl, in einer ländlichen Region würde das ankommen.

»Was denkst du«, fragte mich Nadine, »soll ich die drei Dinge machen?«

»Es ist ein gutes Rundum-Paket. Und wenn ich alles richtig ausrechne, bleibt von den 150 Euro sogar noch etwas übrig, so dass du monatlich auch noch etwas aufs Sparbuch packen kannst.«

»Gut, wenn du das sagst, dann mache ich das.«

Nadine unterschrieb alle drei Verträge. Da sie volljährig war, konnte sie die Abschlüsse selbst tätigen.

Als sie die Bank wieder verlassen hatte, klopfte mir Michael Nieland auf die Schulter, als wäre ich ein alter Kumpel von ihm: »Ausgezeichnet, so sollten alle jungen Menschen ihr Leben starten. Volles Paket.« Na ja, dachte ich, ich hätte es wohl auch so getan, aber im Gegensatz zu dem Versicherungsfachmann und seiner leicht übertriebenen Euphorie hatte ich einen gewissen Abstand zu mir selbst – ich war nicht der Maßstab, nach dem sich die Menschen zu richten hatten. Man kann nicht alle in ein Raster pressen.

Am nächsten Tag fuhr ich mit meinem kleinen Auto, das ich mir inzwischen angeschafft hatte, gut gelaunt zur Bank. Immerhin hatte ich gestern zwei Kunden gut beraten und einige nette Menschen am Schalter bedient. Ich freute mich auch darauf, Julia, die gestern einen freien Tag gehabt hatte, alles erzählen zu können.

Nachdem unsere Morgenbesprechung um 8.15 Uhr vorbei war, klingelte mein Telefon. Es war Nadine.

»Ich möchte meine drei Abschlüsse wieder rückgängig machen«, druckste sie herum.

»Wieso denn das?«, fragte ich erstaunt.

»Gestern Abend habe ich mit meiner Mutter darüber geredet. Die sagt, dass ihr spinnen würdet und mich voll über den Tisch gezogen hättet. Ich sei viel zu jung für die Riester-Rente.«

Schweigen. Ich brauchte eine Weile, bis ich verstand, was ich gehört hatte. »Aber dann kannst du ja die beiden anderen Verträge behalten und nur die Rentenversicherung wieder auflösen.«

»Nein, ich soll alle drei aufkündigen.«

Ich schluckte. »Gut, ich werde mit unserem Versicherungsspezialisten reden, dann melde ich mich wieder bei dir.«

Michael Nieland sagte nur: »Versuchen Sie einen Termin mit Frau Braun und ihrer Mutter auszumachen. Wir kriegen die beiden noch rum.«

Das gelang nicht, denn Nadines Mutter weigerte sich strikt, die Bank zu betreten. Durch das Widerrufungsrecht wurden sämtliche Verträge zerrissen, auch die Haftpflichtversicherung – was ich jedoch nicht nachvollziehen konnte. Aber letztlich war es Nadines Entscheidung. Sie fühlte sich eben überrumpelt. In solchen Fällen war die Reaktion meist umfassend, und dann wurde nicht weiter differenziert, ob von den Produkten nicht doch etwas sinnvoll, ja vielleicht sogar notwendig war. Wahrscheinlich wäre es klug gewesen, Nadines Mutter von Anfang an mit in die Gespräche einzubeziehen. Das schien mir im Nachhinein eine Möglichkeit zu sein, Termine mit Kunden, die noch in der Ausbildung sind oder diese gerade erst beendet haben, anders anzugehen. Damit wäre vielleicht beiden Seiten geholfen, um überlegtere Entscheidungen zu treffen. Ich wollte noch darüber nachdenken.

Unser Versicherungsexperte aber nahm Nadines Entschluss, oder eher den ihrer Mutter, sehr zu meiner Verwunderung persönlich. Fast jeden zweiten Tag fragte er nach: »Haben Sie es wieder einmal versucht, Frau Braun anzurufen?«

»Nein«, erwiderte ich. »Nach so einer klaren Absage wird sich kaum jemand plötzlich um 180 Grad wenden. Und sollte das doch der Fall sein, dann kommt derjenige auch von selbst auf uns zu, dann will er ja was. Ansonsten muss es irgendwann auch mal gut sein. Frau Braun kann jederzeit zu uns kommen, wenn sie will.« Am liebsten hätte ich noch hinzugefügt: »Es ist doch unangenehm, so penetrant seine Ziele zu verfolgen, merken Sie das denn nicht selbst?«

»Mit dieser Einstellung bringen Sie es nie zu etwas!« Nieland wirkte richtig empört. Mit seinen Händen gestikulierte er wild herum, als wolle er das »Jungtier« – und im Grunde zählte ich ebenfalls zu dieser Gattung – eigenhändig zur Schlachtbank führen. »Sie müssen die Menschen überzeugen! Überzeugen, und wenn es sein muss, überreden. Auf jeden Fall müssen Sie die Fäden in der Hand behalten. Das ist ja schlimmster Fatalismus, den Sie da betreiben.«

Heftig drehte er sich um, ich konnte noch sehen, wie sich seine Mundwinkel missbilligend zusammenzogen. Nur unter Strafandrohungen würde ich einem solchen Menschen eine Versicherung abkaufen, überlegte ich. Diesem Mann – Mittdreißiger und Single, und ich hoffte, Letzteres würde sich auch nicht ändern – brauchte ich auch gar nicht erst meine Idee von einem Familientermin zu unterbreiten. Das hieße Perlen vor die Säue werfen. Dank seiner Überredungspsychologie würde er dafür nicht das geringste Verständnis haben.

Mit seinen aufdringlichen, eigentlich schon unverschämten Nachfragen war Michael Nielands Einsatz aber noch nicht beendet. Als ich Nadine einmal auf der Straße traf, erzählte sie mir, dass er, wohl in seiner Mittagspause, mehrmals den Outdoor-Laden besucht hatte, in dem sie jetzt verkaufte. Dabei war er keineswegs auf der Suche nach einem passenden Fleecepullover gewesen, sondern hatte sie angesprochen und sich erkundigt, ob sie nicht vielleicht doch ihre Meinung ändern wolle. Als ich das hörte, war ich für einen Moment sprachlos. Was war denn das? Konnte er denn keine Ruhe geben? Er verhielt sich ja, als ginge es um seine persönliche Ehre. Wieso wurmte ihn Nadines Absage so? Wieso konnte er nicht das Private und das Berufliche voneinander trennen?

Erst Monate später begriff ich, dass auch dies Teil des Systems war. Als Bankberater hatte man jeden Abschluss, der nicht zustande kam, als eine persönliche Niederlage anzusehen, die man keineswegs akzeptieren durfte. Dieses Prinzip sollte jeder von uns verinnerlichen. Natürlich stand das nicht auf dem Papier mit unserer Finanzcheck-Abbildung.

5
Die neuen Drückerkolonnen auf Provisionsbasis

War ich eine Bankberaterin oder nicht doch eher eine Verkäuferin, die auf Provisionsbasis arbeitete? Eine aus der Drückerkolonne? Das »System«, das sich die Bank für seine Mitarbeiter ausgedacht hatte, erschien mir von Tag zu Tag fragwürdiger, ja brutaler. Es hatte für mich keine Eingewöhnungsphase gegeben, von null auf hundert musste ich meine Zahlen einhalten, die nach jedem besuchten Seminar noch höher geschraubt wurden. Bankberater, die halbtags arbeiteten, mussten die gleichen Ziele einhalten wie die Kollegen in Vollzeit, da wurde die Provisionssumme nicht etwa um die Hälfte reduziert, wie man hätte annehmen können.

Zwar war man immer gespannt auf die nächste Gehaltsabrechnung, weil man an ihr erkennen konnte, ob man sein Soll erfüllt hatte oder nicht. Aber letztlich war die Provision, die man dann bekam, so gering, dass dieser materielle Anreiz einen nicht zu Höhenflügen verleitete – ganz im Gegensatz zu Brokern bei den Investmentbanken, die sich von ihren Boni schon mal ein Feriendomizil oder einen teuren Sportwagen leisten konnten. Einige von diesen Börsenmaklern kassierten Boni im siebenstelligen Bereich, das hatte ich einmal im Wirtschaftsteil der Zeitung gelesen.

Wirklich zu durchschauen war dieses Provisionssystem auch nicht. Schloss ich mit einem Kunden eine Lebensversicherung ab, schien ich mehr auf meine Gesamterwartungssumme angerechnet zu bekommen als bei der Unterzeichnung einer Sach- oder Kfz-Versicherung. Doch ein derart abgestuftes Bewertungsmodell war einfach absurd. Vor allem bedeuteten die Ziele aber ein einziges Druckmittel, das einem die Kehle zuschnürte und den Magen rebellieren ließ, mit dem man sich schlaflose Nächte einhandelte und Versagensängste.

Vielleicht wäre dieses »System« noch akzeptabel gewesen, wenn zumindest die Kunden von ihm profitiert hätten, aber das konnte man wirklich nicht reinen Herzens behaupten. Jede Woche wurden neue Verkaufsprospekte ausgegeben, in denen tollste Prognosen verbreitet wurden. Unendlich viele Diagramme sollten die Gewinnerwartungen darstellen, vielleicht auch verschleiern, wie ich nach und nach dachte. In kreisrunden »Kuchen« wurde dargestellt, was dieser oder jener Fonds alles enthielt. Mit diesen hübsch aufgemachten Broschüren hofften wir Berater, die Kunden zu überzeugen, und bestärkten deren großartige Gewinnaussichten noch mit Formulierungen, für die ich mich eigentlich nur schämen konnte, weil sie nur Blasen waren: »Drei substanzielle Komponenten spielen bei diesem Produkt die Hauptrolle: Qualität, Sicherheit und Erfolg.« Dabei zeigte ein Wort wie »Hauptrolle« worum es hier eigentlich ging: Wir zelebrierten ein Theater mit viel Zauber, die Sparer waren dabei nur die Statisten. Dabei musste man so viel Tamtam wie möglich auf die Bühne bringen, damit sie abgelenkt wurden und nicht hinter die Kulissen schauen wollten. Sie sollten die Produkte gut finden und kaufen – und mir dadurch meine Zielvorgaben sichern.

Die Ausschüttungen der meisten Produkte waren aber gering, wenigstens im Verhältnis zu den Unkosten, die die Sparer für sie zu tragen hatten. Neben den Ausgabeaufschlägen kamen nämlich noch Verwaltungs-, Management-

und/oder Depotgebühren hinzu. Jeder Fonds wird zum Beispiel von einem Manager geführt, der natürlich für seine Leistungen auch sein Geld bekommen muss. Eigentlich hätten sie ihr Geld auf dem Sparbuch lassen können, mit den dortigen Zinsen wären sie auf ein gleiches Gewinnniveau gekommen – oder hätten letztlich sogar mehr verdient, denn viele der erworbenen Produkte sollten durch den Börsencrash 2008 massiv an Wert verlieren.

Man muss sich ja nur überlegen: Legt man 50 000 Euro an, muss man dafür erst einmal fünf Prozent Ausgabeaufschlag zahlen, das heißt, es sind 2500 Euro weg, ohne dass auch nur eine einzige Zinsausschüttung erfolgte. Und wenn dann statt der versprochenen sechs Prozent Zinsen nur ein Prozent gezahlt werden oder der Fonds wegen der wirtschaftlichen Situation überhaupt nichts ausgeben kann … Eigentlich ein ganz schöner Verlust.

Immer häufiger fragte ich mich: »Kann das überhaupt funktionieren? Will man die Leute absichtlich für blöde verkaufen?« Ich stellte schnell fest, dass mehr und mehr Lockangebote auf den Markt gebracht wurden, die eigenwilligsten Kombiangebote. Man entwickelte diese Produkte nur, so schien es mir, um unsere Provisionssummen erhöhen zu können und damit den Gewinn der Bank. Einzig Rentenfonds erschienen mir real, nach meinen Berechnungen kam am Ende das heraus, was man einschließlich des Ausgabeaufschlags eingezahlt hatte. Aber von den rosigen Aussichten, die man den Sparern für die Zukunft versprach, konnte keine Rede sein.

Margarete Pirner wollte gerne mit einem Bankberater sprechen. Ohne Termin. Da ich gerade keinen Kunden hatte, bat man mich, sie zu übernehmen. Freundlich begrüßte ich Frau Pirner, eine ältere Dame, die mir auf Anhieb gefiel: ein offenes Gesicht, gepflegtes weißes Haar, ein schickes beiges Kostüm, dazu eine passende, sehr edel aussehende Handtasche. So dynamisch und lebensbejahend möchte ich auch gerne aussehen, wenn ich ihr Alter erreiche. Ich schätzte Margarete Pirner auf Mitte siebzig, vielleicht war sie auch älter und sah einfach nur so gut aus. Tatsächlich entnahm ich nachher ihren Dokumenten, dass sie Ende siebzig war.

»Wissen Sie«, begann sie das Gespräch, »eigentlich habe ich meine Konten bei einer anderen Filiale Ihrer Bank. Aber ich würde sie gern in diese Geschäftsstelle verlegen lassen. Meinen Sie, das ist möglich?«

»Kein Problem«, erwiderte ich. Innerlich freute ich mich, einen so guten Aufhänger für ein Gespräch zu haben – und gleichzeitig einen Einblick in ihre finanzielle Situation zu bekommen. Dem Äußeren nach zu urteilen schien sie eine vermögende Frau zu sein.

Während sie mir ihre Unterlagen mit den Kontennummern gab, sah sie auf das Namensschild, das auf meinem Schreibtisch stand. »Eder … ich kannte einmal eine nette Floristin, die mir jede Woche einen wunderschönen Strauß für mein Geschäft zusammenstellte. Ich hatte nämlich einmal einen Laden mit Taschen. Sind Sie vielleicht mit ihr verwandt?«, fragte sie.

Überrascht schaute ich auf. »Das war sicher meine Mutter«, sagte ich.

»Stimmt. Wenn ich Sie so anblicke, dann kann ich auch eine gewisse Ähnlichkeit entdecken. Wir haben uns immer nett unterhalten, wenn sie die Blumen brachte. Ihre große Liebe zu den Pflanzen, das hat mir sehr an ihr gefallen. Sie lachen genauso wie Ihre Mutter, wissen Sie das? Ich sehe sie noch hin und wieder in der Stadt, wenn sie hier Einkäufe tätigt. Manchmal trinken wir zusammen einen Kaffee und unterhalten uns über die alten Zeiten.«

So etwas Nettes hatte ich lange nicht mehr gehört. Ich

wusste vor Verlegenheit gar nicht, was ich sagen sollte. Manche junge Frauen mögen es nicht, wenn sie mit ihrer Mutter verglichen werden – mich machte das stolz, denn sie und mein Vater waren Menschen, die für mich echte Vorbilder waren.

»Nun, das ist ja noch ein Grund mehr«, fuhr Margarete Pirner fort, »die Filiale zu wechseln. In Ihnen werde ich sicher eine gute Ansprechpartnerin haben.«

Auf ihren Konten lag eine größere Summe Geld, Geld, das nicht angelegt war und eigentlich danach schrie, richtig investiert zu werden – so hätte es bestimmt Michael Nieland formuliert. Er oder Manfred Deckstein hätten dieser Dame sofort alles Mögliche untergejubelt, allein weil sie es nicht ertragen konnten, dass Tausende von Euro einfach nur seelenruhig darauf warteten, ausgegeben oder irgendwann einmal vererbt zu werden. Für diese beiden Männer war die Bank kein sicherer Ruhepol, sondern vielmehr ein Spielplatz, der der angeborenen Gier des Menschen Möglichkeiten offerierte, sich mal mehr, mal weniger waghalsig auszutoben.

Ähnlich dachte auch unser Geschäftsstellenleiter Herr Mädler, der anfing, mich mehr und mehr zu kontrollieren. In unseren täglichen Morgenbesprechungen konnte ich immer damit rechnen, dass er mich, und zwar nur mich, fragte: »Und, Frau Eder, wie viel Termine haben Sie heute?« Welche Zahl auch immer ich nannte, es waren stets zu wenig Kunden, die ich ihm präsentierte. Ich hatte mir schon vorgenommen, mich einmal genauer zu erkundigen, ob er denn selbst ein solch hervorragender »Verkäufer« war, wie er uns wortreich glauben ließ – falls er überhaupt noch in diesem Business tätig war und uns nicht nur wie ein Geldeintreiber organisierte und dirigierte.

Ich wandte mich Frau Pirner zu: »Ganz bestimmt. Ich will Sie keinesfalls enttäuschen.«

Nachdem ich die Konten von ihrer alten Geschäftsstelle aus dem Nachbarort nach Neustadt übertragen hatte, unterließ ich den obligatorischen Versicherungscheck, ließ Finanzcheck Finanzcheck sein und entschied mich auch dagegen, ihr irgendwelche Fonds nahezulegen. Ich hatte das Gefühl, sie würde mich selbst ansprechen, wenn sie risikoreicher anlegen wollte – immerhin war sie Geschäftsfrau gewesen. Und dass sie noch ein Haus bauen wollte, konnte ich mir wirklich nicht vorstellen. Also auch kein Bausparvertrag.

»Möchten Sie vielleicht etwas auf ein Festgeldkonto anlegen?« Ein solches Konto ließ sich jederzeit kündigen, und wenn man ihr etwas anbieten wollte, schien dies eine vernünftige Überlegung zu sein.

»Wissen Sie, Frau Eder«, sagte Margarete Pirner, »in meinem Alter will ich mich mit solchen Dingen eigentlich nicht mehr beschäftigen. Es ist genügend Geld auf meinem Konto, es reicht bis an mein Lebensende. Da ich keine Kinder habe, macht es auch wenig Sinn, es noch für die Erben zu vermehren. Das Beste ist, es einfach auf dem Sparbuch zu belassen. Ich hoffe, Sie sind mir wegen dieser Entscheidung nicht böse. Natürlich weiß ich, dass es Ihr Job ist, mir etwas zu unterbreiten …«

»Keineswegs will ich Sie zu etwas überreden!«, unterbrach ich die gepflegte alte Dame.

»Das weiß ich. Aber ich war lange Jahre Geschäftsfrau, ich weiß, unter welchem Druck Sie stehen müssen. Sollte ich es mir anders überlegen, werde ich gern zu Ihnen kommen, denn Sie sind so ehrlich wie Ihre Mutter. Das habe ich sofort gespürt.« Mit diesen Worten erhob sich Margarete Pirner.

Noch nie hatte ich eine Frau gesehen, die so elegant und gleichzeitig so selbstverständlich eine Handtasche trug. Ich gehörte zur Generation Rucksack, da konnte man von Geschmack und Kultur in dieser Hinsicht kaum sprechen, geschweige denn von einer geraden Haltung, wie sie Frau Pirner innehatte. Aber vielleicht steckte die Haltung ja wenigstens noch in einigen Köpfen fest, auch wenn man es von außen nicht unbedingt sah. Immerhin ein kleiner Trost.

»Grüßen Sie Ihre Mutter«, sagte sie zum Abschied.

»Das werde ich bestimmt nicht vergessen.«

»Und in den nächsten Tagen melde ich mich bei Ihnen, ein Versicherungscheck scheint ganz nützlich zu sein.«

Sofort nachdem sie die Bank verlassen hatte, stand mein Chef Mädler in der Tür. So unscheinbar er auch aussah – klein, leicht schütter werdendes Haar, stets dunkle Anzüge und belanglose glänzende Seidenkrawatten –, so war er doch mit seinem ständig bohrenden Blick einfach nicht zu ignorieren. Er hatte etwas Lauerndes, das mir sehr unangenehm war. Als wartete er nur darauf, mir etwas vorwerfen zu können. Und so war es auch diesmal.

»Und?«, fragte er mit erwartungsvollem Unterton.

»Und was?« Ich fragte so naiv, wie ich konnte. Natürlich hatte er hinter seiner Glasscheibe beobachtet, dass Margarete Pirner eine Frau war, die über ein kleines Vermögen verfügen musste.

»Sie wissen ganz genau, was ich meine. Was ist bei der Kundin herausgekommen?«

»Sie wollte einfach nur ihre Konten in unsere Filiale verlegen. Und das habe ich auch getan.«

»Mehr nicht?«

»Nein.«

»Haben Sie ihr den Check-up-Bogen vorgelegt? Ihre Ziele herausgefunden?«

»Die Dame weiß, was sie möchte.«

Nach außen hin versuchte ich ruhig zu bleiben, aber die Situation war nicht anders als schrecklich zu nennen. Es war schon unangenehm genug, wenn ich fremde Menschen zu etwas animieren sollte, wozu sie sich ohne meine Überzeugungskünste nie entschieden hätten – und das oft genug auch zu Recht. Aber einer älteren Dame, die auch noch eine Bekannte meiner Mutter war, ein Produkt aufschwatzen, das war unerträglich, zumal sie noch eine so gute Meinung von meiner Familie hatte. Und das alles, nur damit Thomas Mädler sich die Hände reiben konnte und gegenüber den Herren, die noch weiter oben in der Hierarchie angesiedelt sind, gut dastand.

Frau Pirner hatte mein Herz berührt, hier wurde es persönlich, aber das konnte ich meinem Chef natürlich nicht sagen. Er hätte mich nur ausgelacht, und ich wäre ganz bei ihm durchgefallen – wenn ich es nicht sowieso schon war. Ich hatte gerade mein erstes Quartal überstanden, und es war anhand der Listen nicht zu leugnen, dass ich längst nicht das erreicht hatte, was man von mir erwartete. In manchen Bereichen hatte ich nicht einmal die Hälfte der Summe erbracht, die mir als Ziele vorgegeben waren. Ein gutes Gefühl war das nicht.

»In den nächsten Tagen wollen wir zusammen einen Versicherungscheck machen.« Zum Glück war mir das noch eingefallen, eine nüchterne Feststellung, gegen die mein Chef keine Einwände erheben konnte. Sonst hätte ich vielleicht doch noch etwas gesagt, was ich später bereut hätte. So etwas wie: »Ich kann doch nicht einen Menschen, der meine Mutter schätzt, nach einem vorgegebenen Schema abfertigen.« Möglicherweise hätte ich noch meine Stimme gehoben, was schnell den Eindruck erweckt, man hätte die Situation nicht unter Kontrolle.

»Gut«, sagte er. »Ich werde Herrn Nieland Bescheid sagen, dass er dann ebenfalls zur Stelle ist und er auch immer mal wieder bei Ihnen nachhakt. Außerdem werden Sie in den nächsten Tagen bei einigen Verkaufsgesprächen dabei sein, die ich führe, damit Sie etwas lernen.« Damit war der Geschäftsstellenleiter aus der Tür.

Klar, überlegte ich, da ich meine Ziele nicht geschafft hatte, musste ich nun besser werden. Das wollte ich ja auch selbst, und so schnell konnte ich schließlich nicht aufgeben. Als ich später meiner Mutter mein Leid klagte, konnte sie im ersten Moment überhaupt nicht verstehen, was mir Kopfzerbrechen bereitete. »Die Bank ist doch dazu da«, sagte sie, »dass die Menschen vertrauensvoll zu ihr gehen können. Die führen doch nichts Böses im Schilde, und ein seriöses Unternehmen ist doch nicht zu vergleichen mit den Kredithaien aus den Kleinanzeigen in den Zeitungen. Nein, da musst du dich täuschen.«

Zu gern hätte ich mich getäuscht, aber dem war nicht so. Meine Mutter hatte immer das geglaubt, was die Banken in ihren Slogans verbreiteten: Die Dresdner Bank war »die Beraterbank«, die Raiffeisen Banken sprachen von »Meiner Bank«, eine Sparkasse tönte: »In jeder Beziehung zählen die Menschen.« Die Sparda Bank warb mit »Eine Bank wie ein Freund«, und »Leistung aus Leidenschaft« hatte sich die Deutsche Bank zum Motto gemacht. Die Imagekampagne der Postbank lautete: »Unterm Strich zähl ich«, die hatte bei mir und Julia den größten Lachanfall ausgelöst. Auch ich hatte diese Sprüche lange Zeit verinnerlicht und war überzeugt davon, dass sie stimmten.

Wenn ich damals als kleines Kind an der Hand meiner Mutter eine Bank betrat, bekam ich einen Goldtaler aus Schokolade geschenkt, auch an ein Plastiksparschwein erinnere ich mich. Später waren es Kalender und Kugelschreiber, die einem freundliche Menschen überreichten. In den Räumen ging es ruhig zu, vor dem Eingang wuchsen prächtige Geranien – so ist es auch heute noch. Von außen betrachtet. Aber im Innern hat sich etwas gewandelt. Ältere Kollegen erzählen noch von einer Zeit, in der sie ganz ohne Listen und individuell ausgerechnete Provisionssummen arbeiten konnten, wo sie noch die herzlichen Menschen sein durften, die ich in meiner Kindheit erlebt hatte.

Warum war das heute nicht mehr möglich? Warum ging es nur noch darum, der großen Gier nachzugehen, die überall Einzug gehalten hatte? Aber wenn man es recht bedachte: Warum sollte die Gier ausgerechnet da nicht vorherrschen, wo es den ganzen Tag nur um Geld ging?

6
Wie aus 5000 Euro 2578 Euro werden

»In einer Stunde habe ich einen Kundentermin, und ich möchte, dass Sie dabei sind.« Thomas Mädler blickte in mein Büro hinein, väterlich jovial, aber auch etwas triumphierend, als wollte er mir zu verstehen geben, dass sich mir nun eine ganz neue Welt offenbaren würde, die Welt des Geldes, ich müsste ihm nur folgen, denn er allein hätte den Schlüssel dazu. Ich war mir aber gar nicht sicher, ob ich ihm in diese Welt überhaupt folgen wollte, denn in der Zwischenzeit hatte sich die Geschichte mit Therese Reichenbach ereignet, der geistig verwirrten Frau, der er den Schilderungen ihres Sohnes zufolge eine Vertragsunterschrift geradezu abgenötigt hatte. Immerhin hatte ich dadurch meine Angst vor ihm verloren, und zugleich wusste ich seitdem, dass auch unser Filialleiter unter dem Druck stand, bestimmte Zielvorgaben zu erfüllen. Trotz der höheren Summen, die er im Gegensatz zu den anderen Bankangestellten sicherlich einbringen musste, war es für ihn aber auch einfacher, sie zu erreichen, weil er, wie ich von Kollegen erfahren hatte, ausschließlich Kunden betreute, die viel Geld hatten – und die meistens ihr Geld auch anlegen wollten.

»Das ist Herr Stiegelmeier.« Mehr sagte Thomas Mädler nicht, als ich sein Büro zur verabredeten Zeit betrat.

Herr Stiegelmeier schien Mitte vierzig zu sein, und seinem äußeren Erscheinungsbild nach hätte ich ihn eher für einen der Menschen gehalten, die im Supermarkt die

Regale auffüllen oder an einer Tankstelle arbeiten. Schlecht rasiert, blasse Haut, blassgelbe Haare, an den Knien abgewetzte Stoffhosen, weiter Pullover, der Flusen aufwies. Seine Schultern waren leicht eingedrückt wie bei einer Schildkröte. Er war zwar nicht unangenehm, aber auch in keinerlei Weise hervorstechend. Dieser Typ sollte Geld haben? Ich konnte es kaum glauben.

Die beiden Männer sprachen mit einer Leidenschaft über Wertsteigerungen, man hätte denken können, es gäbe nichts Wichtigeres im Leben. Smalltalk nannte man das wohl, um dann zum eigentlichen Business zu kommen. Da ich mir meinen Chef als Vorbild nehmen sollte, stellte ich mir vor, wie ich mit meinen gewöhnlichen Kunden, den »Jungtieren«, über den Goldmarkt plauderte oder über die immer noch ansteigende Tendenz, bei dem Kauf von Kunstwerken à la Picasso und Co. einen enormen Gewinn zu machen. Mehrmals fiel das Wort »lukrativ«, das hatte ich schon einmal von meinem Chef vernommen, das lukrative Produkt für Therese Reichenbach, das sich dann doch nicht als solches herausstellte. Aber das schien er längst vergessen zu haben. Er war eben ein Mann, der nur nach vorne schaute.

»Wir sehen uns fast jede Woche«, erklärte Thomas Mädler plötzlich an mich gewandt.

Aha, registrierte ich, Herr Stiegelmeier musste also wirklich Geld haben, sonst würde sich mein Chef nicht so häufig mit ihm abgeben. Wenn er Smalltalk betrieb, dann musste dahinter ein Ziel stehen, sonst zog er es vor, lieber zu schweigen oder gemeine Bemerkungen zu machen, besonders wenn seine Wünsche und Vorstellungen nicht erfüllt wurden.

»Interessant«, sagte ich, weil mir nichts Besseres einfiel.

»Ja, ich habe ein kleines Unternehmen, aber wirklich nur ein kleines, und viele Wohnungen geerbt. Und bei den monatlichen Einnahmen, die dadurch anfallen, wissen Sie, da könnte ich ständig neue Produkte Ihrer Bank kaufen.«

Schon mal daran gedacht, es auch in die Firma und in die Wohnungen zu investieren? Der Gedanke kam mir, weil ich mir angesichts seines Outfits nur zu gut vorstellen konnte, was er von solchen Dingen hielt. Vor mir saß die leibhaftige Verkörperung des Geizes, daran zweifelte ich keinen Augenblick. Thomas Mädler bestätigte auch sogleich meine Vermutung, indem er sagte: »Dabei lebt Herr Stiegelmeier selbst ganz bescheiden.«

Mit »bescheiden« meinte er sicherlich ein elendiges Kabuff, in dem sich die Tapeten von den Wänden lösten. Und die Menschen, die für ihn arbeiteten, konnten lange auf einen neuen Computer oder besseres Essen in der Kantine warten. Mädler konnte das nur recht sein, so verprasste der Mann, der sicherlich noch nie gearbeitet, sondern sein Dasein einzig kostengünstig verwaltet hatte, nicht sein ganzes Vermögen. Statt lebenslustig durch die Welt zu gehen und dabei auch an andere zu denken, knauserte er herum, hockte bei meinem Chef, um lukrativ beraten zu werden. Wahrscheinlich war Thomas Mädler seine einzige Kontaktperson, so wie andere zum Arzt gehen, nicht weil sie krank waren, sondern einfach mal einen Ansprechpartner brauchten. Nur war die Ansprache, die Herr Stiegelmeier benötigte, etwas fragwürdiger, da wenig sozial. Immerhin konnte ich in einem Punkt beruhigt sein: Ihn konnte man bestimmt nicht über den Tisch ziehen, dafür würde er schon viel zu sehr aufpassen.

»Also, was schlagen Sie vor, Sie wollten sich Gedanken machen, wie ich die nächsten 25 000 Euro anlegen könnte?« Herr Stiegelmeier hatte anscheinend genug von unserem Geplänkel, er wollte zur Sache kommen und Befriedigung daraus ziehen, dass er auf andere Bedürfnisse verzichtete, um stattdessen wieder ein neues Zertifikat nach Hause tragen zu können.

Erwartungsvoll schaute ich nun meinen Chef an. Holte er nun seine Checkliste zur Gesprächsvorbereitung heraus, auf der er sich bestimmte Notizen gemacht hatte? Sie war gerade neu entwickelt worden, für die schon etablierten Kunden, denen man den Check-up-Bogen nicht mehr vorsetzen konnte. Da ging es beispielsweise darum, ob man eine Immobilie hatte oder Cross-Selling-Ansätze nutzte. Letzteres könnte man so erklären: Bei einem Autoverkauf würde man dem Kunden anbieten, doch auch noch passende Winterreifen für seinen Wagen zu erwerben. Bei der Bank stellt sich entsprechend die Frage, ob der Sparer nicht vielleicht auch auf eine Lebensversicherung aus ist, wenn er eine Haftpflichtversicherung abschließt. Und wenn er einmal ein Zertifikat gekauft hat, dann interessiert ihn vielleicht noch ein zweites, aber nun von einem anderen Investmenthaus.

Aber Thomas Mädler holte nichts dergleichen hervor – sollte das Vorbildcharakter haben? –, sondern nur eine von diesen dicken Glanzbroschüren, für die ich schon fünf Aktenordner angelegt habe. Bei dem Tempo würde ich bald die Übersicht verlieren, was sicherlich auch Absicht war – man sollte nämlich möglichst nur das veräußern, was die Banken gerade aktuell im Angebot haben.

»Schauen Sie hier«, sagte er zum Geizkragen. »Ein ideales Zertifikat für Ihr Portfolio, mit einer Laufzeit von fünf Jahren. Der Gewinn ist garantiert.«

Genau, wie ich es erwartet hatte, las sich die Schildkröte alles durch – und blieb auch tatsächlich bei den Barrieren hängen, die dieses komplex strukturierte Produkt in sich verbarg. Er bemerkte:

»Ja, aber der Gewinn ist nur garantiert, wenn die Finanzwelt keinen Verlust von 15 Prozent zu verkraften hat, dann fällt er rapide. Und wenn es über 15 Prozent sind, dann verringert er sich noch einmal, und zwar nicht unerheblich.«

»Das haben Sie richtig gesehen, Herr Stiegelmeier.« Mein Chef sagte das so, als würden sich zwei Männer gegenseitig auf die Schulter klopfen, um sich zu versichern, was sie doch für tolle Typen sind. »Aber der Kurs geht höher und höher, keiner rechnet in den nächsten Jahren damit, dass es dermaßen bergab geht. Das wäre sehr irritierend.«

Irritierend wurde es dann in der Tat, als 2008 der Crash die Finanzwelt erschütterte. Wenigstens für uns Berater. Wir bekamen damals Listen, wieder einmal, auf denen aber jetzt die Kunden standen, die aus unserer Geschäftsstelle von dem Zusammenbruch betroffen waren. Robert Stiegelmeier stand ganz oben. Dazu gehörten noch einige andere, alle beraten von Thomas Mädler. Für die meisten Kunden empfand ich großes Bedauern, bei Mr. Geizhals, wie ich den Herrn inzwischen nannte, hielt es sich zugegeben in Grenzen. Bei ihm dachte ich, dass seine Gier schlicht größer gewesen war als seine Vorsicht und er nun eben für sein Anlageverhalten Verantwortung tragen musste.

Schrecklich war für mich aber, dass nicht mein Chef mit den betroffenen Kunden Kontakt aufnahm, sondern die Personenliste auf uns Mitarbeiter aufgeteilt wurde. Wir hatten nun den Mist auszubaden, und ich sollte mich um eine fünfundsiebzigjährige Großbäuerin kümmern. Ich rief sie an und bat sie, doch möglichst bald in unsere Filiale nach Neustadt zu kommen. Sie wohnte außerhalb auf dem Land.

»Können wir das nicht am Telefon klären?«, fragte sie.

»Ich denke, das könnte zu kompliziert werden.« Irgendwie versuchte ich, die schlechten Nachrichten noch hinauszuschieben.

»Ja, worum geht es denn?«

»Um eines Ihrer Produkte, die Sie von unserer Bank gekauft haben. Durch die Finanzkrise hat sich da einiges geändert.« Ich konnte ihr nicht einfach am Telefon sagen, dass sich ihr Vermögen ungefähr um die Hälfte reduziert hatte. Wahrscheinlich hatten sie und ihr Mann ein Leben lang dafür gespart, denn Großbauern in unserer Gegend sind woanders nur Kleinbauern.

Wir vereinbarten einen Termin für den nächsten Morgen.

Frau Schwab erschien mit ihrer Tochter. Beide hatten sich schöne Kleider angezogen, sie sahen so aus, als würden sie in die Kirche gehen wollen. Ich erklärte ihnen, dass ihr Zertifikat Verluste gemacht hätte und ich es für sinnvoll erachten würde, es zu verkaufen und in ein neues Produkt hineinzugehen. Diese Strategie war »von oben« ausgegeben worden, von unserem Vermögensberater. Was ich nicht kommunizierte, nicht kommunizieren durfte, war: Frau Schwab hatte Verluste in enormer Höhe gemacht. Nie konnte sie mit dem neuen Produkt einen solchen Gewinn machen, um den Verlust auszugleichen – zumal sich die Summe noch um die nicht gerade geringfügige Abschlussgebühr verringerte. Aber da es damals, unmittelbar nach dem Crash, noch keine Beratungsprotokolle gab, bestand auch nicht die Pflicht, dass ich die Kundin mit der vollständigen Wahrheit konfrontieren musste, mit den Strategien der Bank also, die ihr Geld auffraßen.

Mutter und Tochter Schwab fragten aber gar nicht erst nach, wie hoch der Verlust insgesamt ausgefallen war, sondern nickten nur ergeben. Sie hatten damals beim Kauf nicht gewusst, auf was sie sich da eigentlich einließen, und jetzt, das war nur zu offensichtlich, auch nicht. Nur war ich diesmal diejenige, die das Desaster abzuwickeln hatte. Was hätten sie sich von dem verlorenen Geld alles leisten können! Wahrscheinlich sollte das Zertifikat für die Tochter sein, damit sie in Notzeiten etwas hatte, sollte sich der Hof einmal nicht mehr rentieren.

Ich fühlte mich wie im Beichtstuhl, nur dass ich auf der Seite des Priesters saß, der bestimmte Auflagen für offenbarte Sünden anordnete, mit der Gewissheit, dass sie akzeptiert wurden – dabei hätten ich und die Bank eigentlich beichten müssen, und die beiden Schwab-Frauen hätten mich ordentlich maßregeln dürfen.

In der Nacht konnte ich lange nicht einschlafen. Ich hatte die Kundin nicht wirklich angelogen, aber doch etwas Entscheidendes weggelassen, eine wichtige Tatsache. Und damit war es meinem Gefühl nach doch wieder eine Lüge. Eine Lüge, die mein Gewissen belastete.

Später, nach meinem Ausstieg, erfuhr ich von einer anderen älteren Dame, die bei einer Großbank für 5000 Euro eine Anlage namens »Europa Premium« gekauft hatte. Ihre Beraterin hätte gesagt, die sei sehr gut. Bislang hatte die Achtzigjährige nur Bundesschatzbriefe und Aktien gekauft – und dagegengehalten, dass sie keine Ahnung von strukturierten Papieren hätte. Doch wieder versicherte man ihr, sie würde eine hervorragende Anlage erwerben.

Im Juli 2008, knapp neunzehn Monate nach ihrem Kauf, erhielt sie einen Anruf von der Bank: Ihr Papier müsse sofort verkauft werden, da Europa Premium die Kursschwelle unterschritten habe, das Zertifikat war gerade mal 3562 Euro wert. Aber man würde in ein neues investieren. Ihr wurde gesagt: »Das neue Papier wird den Verlust aufholen, ich verspreche es Ihnen!« Von einem »Umtausch« war nichts zu spüren, sie bekam zum zweiten Mal eine Kaufgebühr von vier Prozent aufgebürdet, was man ihr aber nicht sagte.

Die Dame bat um einen Termin bei der Direktorin ihrer Bank, den sie auch erhielt. Sie schilderte der Frau, was ihr widerfahren war, dass sie sich betrogen fühle, man hätte sie wohl für dumm gehalten. Die Direktorin hörte ihr zu, behandelte sie liebenswürdig und schrieb währenddessen ein Protokoll. Als die Kundin dieses las, war sie fassungslos. Es stand nichts von dem darin, was sie besprochen hatten, einzig, dass sie Kenntnisse besäße, was Geldmarktfonds, Immobilienfonds, Optionsanleihen und Zertifikate betraf. Sie betonte mehrmals, dass sie sich nur mit Aktien und Festanlagen auskennen würde, mit nichts anderem, dies müsste sich doch anhand ihres Depots bestätigen lassen. Schließlich schrieb die Direktorin ein zweites Protokoll, aber auch dort trug sie wieder die Kenntnisse ein, die eben nicht vorhanden waren.

Im Oktober 2010 wurde die Anlegerin erneut in die Bank gebeten, dort erklärte man ihr, dass auch die zweite Anlage, ebenfalls ein Europa-Premium-Zertifikat, die Kursschwelle unterschritten hatte. Die 5000 Euro, die es im Januar 2007 noch waren, hatten sich fast um die Hälfte reduziert, übrig geblieben waren 2578 Euro. Man machte ihr den Vorschlag, es in einen Aktienfonds einzuzahlen. Das tat sie nicht, sondern sie legte es unter die Matratze.

Und das alles sind keine Einzelfälle.

Nachdem Herr Stiegelmeier den Vertrag für das angebotene Zertifikat in zweifacher Ausführung unterzeichnet und man sich für die nächste Woche verabredet hatte – aus dem Portfolio, dem Bestand aus Wertpapieren, sollte einiges für eine bessere Verzinsung umgeschichtet werden –, verließ ich das Büro. Sollten die beiden Männer noch weiter über Wertsteigerungen plaudern, dazu brauchte man mich nicht als Beifall klatschende Zuhörerin. Gelernt hatte ich bei diesem Termin nur eines: dass es einfacher ist, einem »Geiz ist geil«-Typen mit Vermögen im Hintergrund etwas zu verkaufen, als einem Arbeitnehmer im zweiten Berufsjahr eine Riester-Rente. Aber eigentlich wusste ich das schon vorher. Es war schon immer leichter, Gespräche auf Augenhöhe zu führen. Natürlich sollte ich meinen Chef später loben:

»So sieht das Bankbusiness aus, Frau Eder«, sagte er, als er die Schildkröte verabschiedet hatte. »Das war doch ein echter Volltreffer, oder?«

Kein Kommentar.

Nachdem Thomas Mädler wieder in sein Zimmer zurückgekehrt war und sich sicher in seinem Glück sonnte, holte ich meinen Aktenordner hervor, in dem ich die Broschüren über Fonds und Zertifikate säuberlich in Klarsichtfolien untergebracht hatte. Zum Abheften waren sie mit ihrer Katalogstärke zu dick. Noch immer waren mir diese komplex strukturierten Papiere, die plötzlich in die Bankenwelt eingebrochen waren, ein Rätsel. Ich verstand nicht, wie sie zusammengesetzt waren und wer sie mit welchen Absichten ausgegeben hatte. Und ich hegte den Verdacht, dass sie nur entwickelt worden waren, um den Banken größere Profite zu versprechen als Bundesanleihen. Der Privatkunde kam bei diesen Berechnungen nicht vor, höchstens als gierfördernde Größe.

Kam ein neues Zertifikat heraus, erhielten wir Bankmitarbeiter eine Kurzschulung, die in unseren Büroräumen stattfand. Dazu tauchte jemand aus der Wertpapierabteilung auf, gab eine Produktinformation ab, erzählte, wie man es am besten verkaufen könne, dazu erhielten wir ebenjene dicken Prospekte wie auch einen Flyer mit den wichtigsten Hinweisen in einer Kurzversion. In manchen Monaten bekamen wir bis zu vier derartiger Schnellschulungen, wobei ich ja nur die Produkte hatte, die als mehr oder weniger risikofrei bewertet worden waren. Aber auch so hatte ich ständig das Gefühl, nie genug Hindergrundwissen zu besitzen, wahrscheinlich hätte ich dazu jeden Tag das *Handelsblatt* von vorne bis hinten studieren müssen – wenn ich denn etwas verstanden hätte.

Aus einer der Klarsichtfolien holte ich ein Angebot über einen Fonds heraus, den es in zweifacher Ausführung gab, einmal mit und einmal ohne Ausgabeaufschlag. Entschied man sich für die zweite Variante, also ohne Ausgabeaufschlag, dann würde man nicht so viel davon profitieren, wenn die Kursgewinne an der Börse hoch waren. Die erste Version schien reeller zu sein, was die Situation an der Börse betraf, würde sie sozusagen eins zu eins auf den Fonds übertragen. Las man das Kleingedruckte aber weiter, so wurde ersichtlich, dass sich der Fonds mit Ausgabeaufschlag aber erst nach sechs Jahren rentieren würde, die zweite Variante jedoch schon mit dem ersten Jahr. Im Grunde waren beide Optionen gemein. Wer für eine neue Kücheneinrichtung sparte, würde dieses Ziel kaum über sechs Jahre verfolgen, und wer sich für das Modell ohne Ausgabenaufschlag entschied, hatte nach zwei Jahren letztlich auch nicht mehr Geld angesammelt, um seinem Wunsch näherzukommen.

Eigentlich konnte man niemanden zu der einen oder anderen Variante raten, außer einem Mr. Geizhals, dem es gleichgültig war, ob er nach acht oder zehn Jahren wieder über sein Geld verfügen konnte, Hauptsache, die Zinskurve stieg permanent steiler nach oben. Wenn ich einem Kunden von mir, so überlegte ich, all diese Hintergründe erzählen würde, keiner würde diese Wertanlagen noch kaufen. Folglich würde ich auch die von mir geforderten Ziele nie erreichen. Laut seufzte ich.

Abgesehen davon wusste man natürlich nie, wie die Kursgewinne ausfallen würden. Das war ein weiterer heikler Punkt bei Fonds und Zertifikaten. Wer konnte schon den Verlauf der Aktienkurse einschätzen? Wenn nicht einmal Broker dazu in der Lage waren, konnte ich das noch weniger. Und ich hatte sogar das Gefühl, dass man darauf spekulierte: dass wir als Berater einer kleinen Bank in Neustadt das nicht allzu deutlich durchschauen sollten, weil wir sonst nicht mehr in der Lage wären, strukturierte Papiere motiviert als Top-Produkte anzupreisen.

»Was ist?«, fragte Julia. »Ich höre deinen tiefen Seufzer durch die offene Tür.« Da der Coach, der mir eigentlich zur Seite gestellt worden war, sich nie wieder mit mir befasst hatte, hatte meine Kollegin diese Rolle nun übernommen – wahrscheinlich, weil ich sie ohnehin oft genug um Rat fragte und mir den einen oder anderen guten Tipp bei ihr abholte. Wären alle Menschen in der Bank so wie sie gewesen, nie hätte ich meinen Job gekündigt.

»Ich hab gerade darüber nachgedacht, was es mit diesen Zertifikaten auf sich hat. Die werden ja nicht von unserer Bank ausgegeben, sondern wir erhalten sie meist von großen Investmentbanken. Wer wählt die eigentlich für unsere Bank aus? Und warum werden die überhaupt ausgewählt?« Ich war gespannt, was Julia antworten würde.

»Jetzt müsste ich seufzen«, erklärte sie, »denn das ist mehr als undurchschaubar. Du kannst aber davon ausgehen, dass diese Produkte von Zockern entwickelt wurden. Die überlegen sich in den Eigenhandelsabteilungen von Investmenthäusern in Frankfurt, London und New York, wie sie noch mehr Geld verdienen, wie sie noch mehr Bonuszahlungen für sich herausschlagen können. Deswegen sind sie auch so raffiniert konstruiert, dass man sie nicht nachvollziehen kann.«

»Aber wie gelangen die Dinger dann zu uns? Wer bestimmt, dass sie abgenommen werden?«

»Das ist ganz einfach. Diejenigen, die beispielsweise ein neues Zertifikat auf den Markt bringen wollen, suchen sich flächendeckend Leute, die den Bankvorständen oder Filialleitern bei einer Präsentation das Produkt mit viel Sexappeal verkaufen wollen. Da werden Häppchen und Sekt gereicht und Worthülsen dazu, ein Freund von mir führt die Geschäftsstelle einer Bank, er hat schon mehrmals an einer solchen Verkaufsveranstaltung teilgenommen und mir erzählt, wie es dort zugeht.«

»Und die geladenen Gäste kaufen, weil sie hoffen, damit Rendite einfahren zu können«, vermutete ich.

Julia trat nun in mein kleines Büro und schloss die Tür hinter sich. »Genau. Die innovativen Strukturen scheinen für die jeweiligen Banken ein Zaubermittel zu sein, um im Wettbewerb mit anderen Geldinstituten bestehen zu können. Und darum kannst du davon ausgehen, wenn unser Chef uns triezt, dann kaum, weil alles auf seinem Mist gewachsen ist, der bekommt auch nur seine Anweisungen von oben und muss sein Pokerface aufsetzen, damit man ihm nicht in seine eigentlich erbärmlichen Karten schaut. Über dem Geschäftsstellenleiter kommen auf jeden Fall noch die Marktbereichs-, Vertriebs- und Gebietsleiter.«

So hatte ich das noch nie gesehen. All diesen Führungskräften schwebte das gleiche Ziel vor, aber sie konnten sich doch nicht alle auf jedem Gebiet im Bankwesen gleich gut auskennen, oder? Nein, überlegte ich, das war unmöglich. Laut sagte ich: »Können denn die Leute, die über den Kauf von strukturierten Fonds und Zertifikaten entscheiden, überhaupt einschätzen, welche Risiken in diesen Produkten stecken? Man könnte denen doch auch einen gigantischen Schrott andrehen.«

»Was in der Tat auch oft genug passiert. Ich denke, man baut regelrecht darauf, dass die Vorstände und Filialleiter nicht wirklich Ahnung haben.«

»Das ist aber doch sehr unseriös!«

»Maria, mit deiner Moral kommst du hier nicht weit. In

Hunderten von Sonntagspredigten könnte man darauf hinweisen, dass man solche Geschäfte nicht machen sollte, weil man diese oder jene Einwände dagegen erheben könnte. Es würde nichts nützen. In diesem Business ist zu viel Geld zu machen, das überzeugt am Ende noch den letzten Zweifler. Die Prozente, die bei diesen Deals zwischen den Investmentbanken und unseren Instituten hin und her fließen, sind enorm. Und jede kleine Bank hat Angst, dass sie, wenn sie bei diesem Trend nicht mitmacht, von den großen Banken geschluckt wird.«

Nach dem Finanzcrash 2008 meldeten sich zahlreiche Kunden bei Verbraucherzentralen und Anwaltskanzleien, denen übel mitgespielt worden war, bei denen sich große deutsche Banken mehr als unanständig – wenn man dieses aus der Mode gekommene Wort einmal benutzen möchte – gegenüber den Sparern verhalten hatten. Sie hatten sich verhalten wie Parasiten: eigennütziges Leben auf Kosten anderer. Im Englischen nennt man das: *»Living on other people's money«*. Sollten diese Damen und Herren aus den Vorständen einmal auf Hartz-IV-Empfänger schimpfen, sie als Sozialschmarotzer verurteilen, dann könnte man ihnen genau dasselbe Wort um die Ohren hauen. Sie waren und sind auch nichts anderes als Sozialschmarotzer, die nur großkotzig daherkommen, als Ehrenmänner, die aber nichts weiter sind als Gauner, weil sie das wahnhafte Treiben der Gewinnmaximierung von Erträgen und Provisionen immer weiter anfachen. Sprechen diese Menschen davon, dass ihnen die Kunden am Herzen liegen, dann ist das ein Widerspruch in sich. Das schließt sich bei dem alleinigen Ziel einer Steigerung der Bankenrendite aus.

»Gestern war ich bei der privaten Bauernbank in Neustadt, da hatte ich ganz dumm gefragt, ob sie mir ein Zertifikat empfehlen würden.« Ich machte eine bedeutsame Atempause.

»Und?«

»Sie haben keine im Angebot. Sie lehnen es ab, solchen Kram zu verkaufen, wie sie mir wortwörtlich zu verstehen gaben. Dabei existiert diese Bank schon seit über hundert Jahren.« Mein Vater, der ja mit vielen Landwirten zusammenarbeitet, hat mir den Tipp gegeben, als ich ihn fragte, ob jede Bank strukturierte Anleihen oder andere spekulative Geschäfte abwickelt, die von irgendwelchen ominösen Bedingungen in der Zukunft abhängig sind, von Entwicklungen an der Börse in fünf und mehr Jahren. »Warum sie sich das bei der Bauernbank leisten können, weiß ich leider auch nicht. Vielleicht stecken die sich einfach nicht so hohe Ziele. Aber das sind wirklich Ausnahmen«, meinte Julia. »Viele kleine und feine Banken, die so tun, als würden sie diesen ganzen Reibach nicht mitmachen, haben dann doch nicht so eine weiße Weste, das hat mir nämlich auch der Freund von der Deutschen Bank gesteckt. Die machen nämlich Kick-backs in Größenordnungen, die man auch nicht gerade als ehrlich bezeichnen kann.«

»Was sind denn Kick-backs?«

»Das sind auch Abschlussprovisionen, die aber nicht öffentlich gemacht werden. Da erhalten etwa Banken von den Produktanbietern, beispielsweise Fondsgesellschaften, Abschlussprovisionen. Momentan wird am Bundesgerichtshof verhandelt, dass diese Provisionen öffentlich gemacht werden müssen.« Das Gericht entschied im Dezember 2006 tatsächlich, dass die Banken die Anleger über diese Kick-backs informieren müssen.

Jetzt seufzten wir beide. Uns schien, dass Banken und Kunden immer weniger zusammenpassten. Mir wurde aber in diesem Moment auch klar, dass ich nie wirklich darüber nachgedacht hatte, wovon eigentlich eine Bank lebt. Und wenn eine Bank gut leben, mithin gut verdienen möchte, konnte der Kunde ja nur weniger bekommen. So einfach diese Rechnung war, so wenig war sie bislang von mir realisiert worden.

Plötzlich fragte ich Julia: »Kannst du dir vorstellen, dein ganzes Leben bei der Bank zu bleiben?«

»Meinst du, ob ich mir vorstellen könnte, zu einer anderen Bank zu wechseln?«

»Nein, ich habe eher an eine grundsätzliche Veränderung gedacht. Sozusagen nie wieder Wertpapiere verkaufen. Nie wieder die Haftung übernehmen, wenn man eine falsche Beratung gemacht hat.«

Der Gedanke der persönlichen Haftung wurde immer brisanter, als nach dem Finanzcrash 2008 Dokumentationen über die Beratungen Pflicht wurden und alles kontrolliert werden konnte, da die Gesprächsergebnisse protokolliert werden mussten. Alles musste von da an korrekt ausgefüllt werden: das Einkommen des Kunden, ob er schon Erfahrung mit Wertpapieren gemacht hat, ob er sich selbst als einen konservativen oder einen risikofreudigen Anleger einschätzt. Das ganze Programm der Durchleuchtung. Machte man nur den geringsten Fehler bei der Dokumentation, konnte man belangt werden.

Zwar hatte mir Julia später erzählt, als wir uns nach meiner Kündigung einmal trafen, dass man auf einer Betriebsversammlung verkündet hätte, der Vorstand der Bank würde hinter seinen Mitarbeitern stehen. Doch zugleich kam heraus, dass es den Fall einer Ex-Kollegin gab, mit dem sich die Staatsanwaltschaft beschäftigen würde. Mir kam das so vor, als würde man einen Kioskverkäufer für den Inhalt – und die Falschmeldungen – der Zeitungen, die er den Kunden anbot, verantwortlich machen können. Legal schien mir so etwas nicht, aber letztlich konnte ich das nicht beurteilen. Angesichts der auch weiterhin gestiegenen Provisionsziele – die globale Finanzkrise 2008 hatte daran nichts ändern können, einzig die Kunden waren stärker sensibilisiert und waren noch weniger an Bankprodukten interessiert – hatten sich die extremen Bedingungen in den Geldinstituten nur noch verschärft. Die Vorstellung, dass man einen Zwanzigjährigen persönlich dafür haftbar machen konnte, wenn er aufgrund des Drucks von oben Mist gebaut hatte – sie bestärkte mich nur darin, dass ich mit meinem Entschluss, das Bankwesen zu verlassen, richtig gehandelt hatte.

Außerdem wurde in den Beratungsprotokollen verlangt, dass der Berater den »Entscheidungsprozess« des Anlegers fachlich dokumentieren muss. Eigentlich eine haarsträubende Forderung. Wenn nicht einmal Finanzexperten die strukturierten Papiere verstanden, wie sollten dann die Berater in Neustadt und anderswo das können? Wie sollte man festhalten, dass ein Kunde in allen Einzelheiten verstanden hatte, warum er einen geschlossenen Fonds als Altersvorsorge als sinnvoll erachtet, wenn man es eigentlich nicht einmal selbst richtig beurteilen konnte? Ein korrekter Berater, wenn er denn wirklich korrekt wäre, könnte nach dieser Maßgabe im Grunde kein einziges Finanzprodukt verkaufen.

Julia schaute mich nachdenklich an, die Hände hatte sie ineinander verknotet. Schließlich sagte sie: »Mein Mann verdient nicht so viel. Wir haben zwei Kinder, die einmal studieren sollen. Da gibt es für mich keine Alternative.«

7
Verdienen durch Inkompetenz

Hallo, denk einmal nicht an Geldscheine, es ist bald Erntedankfest, da wollen wir von der Frauengruppe Zwetschgendatschi verkaufen, und du könntest mithelfen, welchen zu backen.« Meine beiden Freundinnen Sophia und Magdalena versuchten mich schon seit einiger Zeit aus meinen Grübeleien zu holen. Seit gut einem Jahr war ich nun Bankberaterin, und mehr und mehr hatte ich meine anderen Aktivitäten vernachlässigt. Zu den Treffen unserer Gruppe war ich immer seltener gegangen, meine Energie reichte kaum noch dafür aus. Aber das musste jetzt anders werden, nicht einmal Zeit für einen Freund hatte ich. Wenn das so weiterging, konnte ich mir den Spott meiner Freundinnen schon ausmalen: »Sollte tatsächlich mal ein junger Mann Fotos von dir machen, dann wird auf dem Film nichts als eine graue Fläche zu sehen sein.«

»Und wie wäre es noch dazu mit einem Apfelkuchen?«, fragte ich, um mein umfassendes Engagement zu demonstrieren.

»Na, da hören wir doch wieder die alte Maria heraus!« Sophia und Magdalena grinsten mich zufrieden an.

Am ersten Oktobersonntag war der Himmel bayerisch blau, ohne ein Wölkchen. Die Kuchen hatte ich am Vortag gebacken, auch die Minibrote, die wir ebenfalls für einen gemeinnützigen Zweck am Kircheneingang verkaufen wollten – diesmal sollte das Geld unserem alten Kindergarten zugutekommen. Nach dem Gottesdienst bauten wir unseren Stand im Gemeindehaus auf. Die Männer stellten Bierbänke und Tische auf, die wir mit kleinen Kürbissen, Tomaten, Radieschen und Rettichen schmückten. Die Eingangstür verzierten wir mit Hopfen, den wir ineinander geflochten hatten, von der Decke hing eine Erntedankfestkrone, auch aus Hopfen, die die älteren Frauen aus Altdorf jedes Jahr kreierten und mit bunten Bändern schmückten. In einer Ecke stand die letzte Garbe, die noch eigenhändig von dem ältesten Bauer aus unserem Dorf geschnitten wurde. Die Getreidehalme waren zu einer Puppe gebunden, die einen roten Rock und ein blau-weiß-kariertes Kopftuch trug. Mit ihr wurde der Tanz eröffnet, sie symbolisierte Fruchtbarkeit.

»Glaubst du an den Zauber?«, fragte mich Magdalena, mit Blick auf die Puppe.

»Nicht wirklich«, antwortete ich. »Aber auf jeden Fall gefällt er mir besser als der Hokuspokus, den sie in der Finanzwelt anstellen.«

»Nun hör aber auf«, mischte sich Sophia ein, »wenn du heute noch einmal das Wort ›Bank‹ oder ›Geld‹ in den Mund nimmst, verkuppel ich dich mit Winfried.« Winfried war der hässlichste junge Mann im Dorf, was nicht einmal das Schlimmste gewesen wäre, wenn er nicht auch noch einige Barrieren im Kopf gehabt hätte, die ihn am Denken hinderten. »Stell dir nur vor, du bekämst Kinder von ihm …«

»Schon gut.« Ich lachte laut, keineswegs wollte ich mir das vorstellen. Überhaupt war das Thema Familie für mich noch weit weg, auch wenn viele Mädchen aus unserem Dorf, die kaum älter waren als wir, schon einen festen Freund hatten, spätere Heirat nicht ausgeschlossen. Für mich war das alles noch zu früh, ich wollte erst beruflich Fuß fassen und wissen, wohin mich mein Weg führte.

Unsere Kuchen waren schnell verkauft. In den vergangenen Jahren hatten wir uns mit unseren Kreationen so gesteigert, dass wir es mit jeder Konditorei aufnehmen konnten – und die Leute aus unserem Dorf wussten das zu schätzen. Unser Stand wurde regelrecht bestürmt, sogar auffallend viele junge Männer interessierten sich für unsere süßen Sachen, obwohl sie eher aussahen, als würden sie einen deftigen Braten jedem Nachtisch vorziehen.

»Schau mal, der steht schon zum zweiten Mal mit seinem Pappteller in der Schlange.« Sophia stupste mich an.

»Ja mei, dem schmeckt es halt«, erwiderte ich.

»Nee, nee«, sagte Magdalena. »Der will mit dir anbändeln.«

»Quatsch nicht so'n dummes Zeug.« Aber warum glühte nur plötzlich mein Gesicht?

»Kennst du ihn?«, fragte Sophia. »Aus Altdorf ist er nicht.«

Ich schüttelte den Kopf, mir wurde das Gespräch immer peinlicher, weil der Mann, über den wir sprachen, sich mehr und mehr den Kuchen näherte. Eigentlich nur den Resten, viel war nicht mehr da.

»Einen Apfelkuchen, bitte«, sagte der junge Mann nun, irgendwie hatten meine Freundinnen es hinbekommen, dass ich ihn bediente.

»Mit oder ohne Sahne?«, fragte ich.

»Hmmh …« Der Mann, der mir gegenüberstand, hatte dichtes, dunkles Haar, grünbraune Augen, trug ein weißes Hemd und Lederhosen. Doch, er sah passabel aus, sehr passabel sogar.

»Mit oder ohne Sahne?«, wiederholte ich.

»Mein Onkel – er sitzt da drüben.« Der etwas schüchterne Mittzwanziger zeigte zu einem Biertisch, an dem einige ältere Männer und Frauen saßen. »Er meinte, wir sollten mal miteinander reden. Ich arbeite nämlich auch in einer Bank.«

Sophia unterdrückte ein Stöhnen, handelte aber blitzschnell: Sie drückte uns beiden Apfelkuchen – ohne Sahne – in die Hand und sagte: »Die letzten Kuchen verkaufen wir auch ohne dich. Amüsiert euch!« Die letzten beiden Wörter klangen unüberhörbar herausfordernd.

»Ich heiße übrigens Maximilian«, erklärte der Lederhosenträger, »und mein Onkel ist der Alois, der arbeitet auch bei einer Bank.« Alois Brunner kannte ich. Er wohnte nicht weit von meinen Eltern entfernt und war stellvertretender Filialleiter einer Großbank, einer Konkurrenzbank allerdings, aber nicht in Neustadt, sondern in Mittelstadt, der nächst größeren Ortschaft. Er war ein gestandenes Mannsbild, eine ideale Besetzung für jeden bayerischen Heimatfilm, so wie er in seiner Tracht dasaß, mit seinem eierförmigen Glatzkopf und seinen roten Wangen. Doch sobald er in seinen Anzug schlüpfte und einen schwarzen Hut aufsetzte – der Kopf verlangte geradezu nach einer Bedeckung –, strahlte er sofort etwas Seriöses aus.

»Na, Kinder, kommt, setzt euch«, begrüßte er uns und rückte auf der schmalen Holzbank zur Seite, so dass wir Platz hatten. »Der Maximilian wollte sich mal mir dir austauschen«, fuhr er fort. Das klang jetzt anders, als Maximilian es mir vorhin gesagt hatte, wollte doch sicher nur Alois, dass ich mich mit seinem Neffen unterhielt, wahrscheinlich, damit er auch unter junge Leute kam, denn sonst saßen am Tisch nur ältere Frauen und Männer. Maximilian schaute nur auf seinen Apfelkuchen, darum konnte ich nicht in seinem Gesicht lesen, was er von seiner neuen Gesprächspartnerin hielt. Also musste ich bei meinen Vermutungen bleiben.

»Apfelkuchen, ohne Sahne! Das schmeckt doch nicht!« Onkel Alois schüttelte den Kopf – auf dem Land erklärten wir Jüngeren ältere Erwachsene schnell zu Onkel und Tante.

»Doch, ich finde es so viel besser«, widersprach Maximilian. Jetzt gefiel er mir noch besser, er schien eine eigene Meinung zu haben.

»Gefällt's dir in der Bank?«, fragte der Onkel. Sein Interesse war nicht geheuchelt, das war zu spüren. Vielleicht wollte er auch nur unsere Verlegenheit überbrücken, denn da ich auch nicht gerade eine Draufgängerin war, brauchte ich einige Zeit, um mich in Gegenwart des hübschen jungen Mannes zurechtzufinden.

»Wenn ich ehrlich bin, ich weiß es nicht«, erwiderte ich. »Ich komme mit den ganzen Zielvorgaben und diesen strukturierten Produkten nicht zurecht. Auch weil ich es nicht verstehe.«

»Tja«, sagte Onkel Alois, wobei er zu seiner Maß Bier griff, »das kann ich gut verstehen.«

»Du bist doch mindestens fünfzehn Jahre länger dabei als ich, war das damals auch schon so?« Sophia und Magdalena hätten mich augenblicklich zu Winfried geschleppt, hätten sie mich jetzt reden hören, aber sie waren glücklicherweise weit weg. Und so nett Maximilian auch aussah, er musste jetzt warten. Ich wollte nicht versäumen, jemanden über seine Erfahrungen zu befragen, Erfahrungen, von denen ich vielleicht lernen konnte.

Onkel Alois wischte sich den Bierschaum von den Lippen. »Ja, mei«, sagte er. »Damals hatten Banken auch schon eigene Produkte, aber das waren alles so konservative Sachen. Wenn ein Kunde Geld anlegte, konnte er sicher sein, dass er mit seiner Kapitalanlage keine Verluste machte. Außer er ging auf den Aktienmarkt, Daimler, VW und so, aber der Aktienbereich wurde nur von Spezialisten gemacht und war auch nur etwas für Spezialisten. Die Kunden, die sich darauf einließen, waren gut informiert, das kann man von den heutigen Sparern leider nicht sagen. Und hinter Aktien stehen materielle Werte, was man eben bei diesen neumodischen Zertifikaten nicht sagen kann. Es gab damals auch keinen Druck von ganz oben, dass man soundso viel von einem Zertifikat oder einer Anleihe verkaufen müsse. Wenn es in einer Filiale nicht so gut lief, wie man es sich erhofft hatte, kam jemand aus der Führungsebene vorbei und redete mit dem Zweigstellenleiter. Fragte nach, woran es liegen könne, was man in Gang setzen müsse, um zu einem besseren Ergebnis zu kommen.«

»Und gab es keine Zielvorgaben?«

»Doch, die gab es schon, aber heute bekommt ja jeder Bankangestellte seine persönlichen Ziele vorgeschrieben. Früher bekam die gesamte Geschäftsstelle, je nach Lage und Kunden, ein Ziel genannt, das alle Mitarbeiter als Team erbringen mussten. Am meisten kümmerte sich aber der Filialleiter darum, auf diese Weise hielt er seinen Leuten den Rücken frei. Sie bekamen den Druck dadurch kaum zu spüren. Aber dass man etwa 300 000 Euro Provision Bausparsumme erzielen und soundso viele Wertpapiere veräußern musste, das gab es nicht.

Heutzutage wird jeder Einzelne so rangenommen, damit man das meiste aus ihm herauspressen kann. Das führt dazu, dass die Berater regelrecht gegeneinander aufgehetzt werden. Von Team ist da keine Rede mehr, wenigstens nicht in den größeren Banken.« Onkel Alois nahm noch einen Schluck Bier, bevor er fortfuhr. »Und damals musste auch nicht jeder Angestellte sämtliche Geschäftsfelder abdecken, vom Zertifikat über Bausparverträge bis zur Kfz-Versicherung. Wie beim Aktienbereich hatte man für jeden Sektor extra geschulte Leute, die in ihrem Bereich auch wirklich versiert waren und nicht wie in einem Gemischtwarenladen alles Mögliche anbieten mussten. Dadurch, dass man heute alle Angebote beherrschen muss, geht eindeutig die Qualität bei der Beratung verloren.

Die einstige Spezialausbildung war ein viel glaubhafteres Vorgehen, auch glaubhafter für den Kunden. Eine Haftpflicht- und eine Berufsunfähigkeitsversicherung kann vielleicht noch jeder Berater problemlos verkaufen, aber bei den heutigen Rentenversicherungen fängt es schon an. Früher lernte ein Versicherungskaufmann drei Jahre, bis er kompetent auf seinem Gebiet war, heute bekommt ihr Berater das ganze Wissen von einem Versicherungscoach in einem Seminar von einem Tag, oder lass es zwei sein, eingebleut.«

»Willst du damit sagen, dass die Banken gut damit verdienen, dass wir nicht mehr richtig ausgebildet sind? Denn würden wir alles durchschauen, dann würden wir auch vorsichtiger mit den Produkten umgehen?« Ich musste an Julias Äußerungen denken. Wenn die Bankenvorstände und ihre juristischen Abteilungen schon nichts verstanden, ja nichts verstehen sollten, dann konnte dieses Prinzip auch nach unten weitergegeben werden – an uns.

»Das hast du jetzt gesagt, Maria. Aber irgendwo denke ich, dass du recht hast.«

Mich interessierte Alois' Einstellung zu der ganzen Sache, deshalb fragte ich weiter: »Und wie gehst du damit um, dass sich deine Arbeit so sehr verändert hat? Und dass alles, was du tust, in Listen mit den Vorgaben abgeglichen wird?« Langsam wurde mir klar, dass nicht nur der Kunde gläsern war, sondern auch wir Bankmitarbeiter.

»Ich bin da nach und nach hineingewachsen, schlimm war es für meine ehemalige Vorgesetzte. Die Filialleiterin ging für drei Jahre in Mutterschutz, und als sie danach zurückkam, war ihr schon klar, dass sie mit ihrem Wunsch nach einem Halbtagsjob nicht mehr ihre frühere Position einnehmen konnte. Man stufte sie als ganz normale Bankberaterin ein, wobei sie aber Ziele aufgedrückt bekam, als hätte sie einen Ganztagsjob und keine Berufspause gehabt.

Sie wurde regelrecht ins kalte Wasser geworfen, ins sehr kalte Wasser.«

»Die Frau arbeitete halbtags, aber musste genau die gleichen Anforderungen erfüllen wie ihre Kollegen, die eine Vierzigstundenwoche haben?«

»Stimmt. Das einzige Zugeständnis, das man ihr machte, bestand darin, dass sie die Provisionssummen und die Stückzahlen nicht in drei Monaten erbringen musste, sondern in vier. Man hat ihr also etwas mehr Zeit gegeben.«

»Gerade mal einen Monat. Gerecht wären sechs Monate gewesen.«

»Und Maximilian, wie sieht es da bei euch aus?« Der Onkel wandte sich an seinen Neffen, danach erklärte er mir: »Der Junge arbeitet bei einem Geldinstitut in Herrsching am Ammersee.«

Maximilian kaute gerade auf seinem letzten Bissen Apfelkuchen herum, dann sagte er: »Monatlich haben wir eine Sitzung, in der der Filialleiter eine Vergleichsliste vorlegt und sagt, wer wie viel Geld mit wie vielen Produkten gemacht hat. Und wenn man die Ziele nicht erreicht hat, muss man sich in großer Runde rechtfertigen, warum man es nicht geschafft hat. Und dann erzählen einem die anderen, wie es ihnen gelungen ist, ihre Vorgaben zu erfüllen – natürlich nur deshalb, damit man es ihnen beim nächsten Mal nachmacht.« Mein jüngerer Sitznachbar schaute versonnen auf seinen leeren Teller, auf dem nur noch ein paar Krümel lagen. Schließlich gab er sich wohl innerlich einen Ruck und fuhr fort: »Einer von uns hat so viel Umsatz gemacht, dass dadurch unsere Ziele immer höher gesteckt wurden. Jetzt sollen wir an einem Tag 15 000 Euro Wertpapierertrag machen.«

Ich musste schlucken, als ich das hörte. Das war nicht der Umsatz eines Tages für die Bankfiliale, sondern eben der reine Ertrag. Die Eigenkapitalrendite. Und da war er, dieser Wettkampf jeder gegen jeden. Anscheinend züchteten die Banken auf diese Weise ihre eigene Elite heran. Wenn das stimmte, dann war das eine gnadenlose Selektion. »Und wie viele erfolgreiche Kundentermine müsst ihr haben, damit ihr dieses Ziel schafft?«

»Mindestens sechs«, sagte Maximilian. »Dazu werden wir alle paar Stunden kontrolliert, gegen Mittag müssen wir ein Zwischenfazit abgeben, kurz vor Dienstschluss ein Tagesfazit.«

Meine Kehle wurde noch trockener. Gut, dass ich auf die Krümel auf Maximilians Kuchenteller verzichtet hatte, auf die hatte ich nämlich spekuliert. Wahrscheinlich wären sie mir im Hals stecken geblieben. Das, was ich da hörte, war ja noch schlimmer als bei uns in der Bank. Wir hatten auch Listen, in denen unsere aktiven Kundengespräche festgehalten und vierteljährlich an uns ausgegeben wurden, aber unser Soll waren nicht sechs Termine täglich, sondern einer. Hatte man in diesen drei Monaten am Ende der Liste eine 1,0 stehen, dann lag man gut im Rennen. Bei einem Ergebnis unter 1,0 musste man mit Besuch von Thomas Mädler rechnen und ihm Rechenschaft ablegen. Zudem wurden wir nicht rund um die Uhr kontrolliert. Bei uns gab es nur täglich um 8.15 Uhr die morgendliche Besprechungsrunde, in der wir aber – zumindest bislang – nicht öffentlich an den Pranger gestellt wurden. Wir besprachen dann immer, was für den jeweiligen Tag anlag; über unsere eigenen Versäumnisse bei den Zielen tauschten wir uns nur untereinander aus.

»Könnt ihr euch so hohe Ziele setzen, weil deine Bank am Ammersee liegt, wo die meisten Menschen sehr viel mehr Geld haben als in Neustadt oder gar in Altdorf?«

»Sicher, das ist ein entscheidender Faktor. Was mich an der ganzen Angelegenheit aber besonders stört, ist die Tatsache, dass es sich bei meiner Bank um eine Genossenschaftsbank handelt. Immerhin waren die mal zu einem ganz anderen Zweck ins Leben gerufen worden. Da ging es ihren Gründern im 19. Jahrhundert um Hilfe zur Selbsthilfe. Auf diese Weise wurden in der Stadt Handel und Handwerk und auf dem Land die Bauern gefördert, später dann der Mittelstand insgesamt. Kredite, so war die Devise, sollten verantwortungsvoll vergeben werden. Aus diesem Grund hatte ich mich auch bei einer Bank beworben, die sich für das Genossenschaftswesen starkmacht. Und dann musste ich feststellen, dass es dort auch nicht besser ist als in den anderen Banken. Das war ganz schön desillusionierend.«

»Das hätte ich auch nicht gedacht«, sagte ich. Genau wie bei der Bauernbank in Neustadt war ich davon ausgegangen, dass Genossenschaftsbanken noch eine andere Moral vertreten würden. Ich hatte sogar mit dem Gedanken gespielt, vielleicht zu einer solchen Bank zu wechseln – aber das konnte ich nun vergessen, nach dem, was Maximilian geschildert hatte.

Er schien sich so richtig in Rage geredet zu haben, denn ohne Punkt und Komma erzählte er weiter: »Aber das ist noch längst nicht der Gipfel. Alle Bankangestellten mussten sich einmal an einem Samstagvormittag in unserer Filiale zu einem Kurzseminar versammeln. Dabei ging es darum, dass wir uns unsere Ziele selbst stecken sollten. Wir sollten die also in Zukunft nicht mehr von unserem Filialleiter bekommen, sondern wir mussten uns selber einschätzen, wie viele Leute wir täglich ansprechen können und was wir an Provision einnehmen werden. Das, was ich dann für mich an persönlichen Zielen festgelegt habe, wurde anschließend in einem Selbstvertrag schwarz auf weiß niedergeschrieben und von mir unterzeichnet.«

Hatte ich richtig gehört? Ich glaubte meinen Ohren nicht zu trauen. »Was in Gottes Namen ist ein Selbstvertrag?«

»Als ich am Nachmittag wieder zu Hause war, fragte ich mich auch, auf was ich mich da eigentlich eingelassen hatte. Konnte man mich entlassen, wenn ich die selbst gesteckten Ziele nicht schaffen sollte? Oder würde man mir ständig vorhalten: ›Du hast deine Fähigkeiten selbst eingeschätzt, warum liegst du unter deinen Erwartungen?‹ So kam es dann zwar nicht, aber seitdem wir dieses Seminar besucht haben, müssen wir jeden Tag aufschreiben, welchen Kunden wir aus welchen Gründen angesprochen haben und mit welchem Ergebnis. Am Ende des Monats werden dann diese Listen eingesammelt und in der Runde, von der ich dir eben erzählt habe, öffentlich verglichen. Original und Fälschung sozusagen.«

Maximilian wollte über seinen eigenen Scherz lachen, aber es gelang ihm nicht. Ich konnte das gut nachvollziehen. Da musste man es nicht nur aushalten, mit den anderen Mitarbeitern in ständigem Wettbewerb zu stehen, sondern wurde auch noch permanent an der geleisteten Selbsteinschätzung gemessen – was ich mir viel schlimmer vorstellte. Denn es war etwas anderes, als von einem Gegner k.o. geschlagen zu werden oder sich selbst am Boden zu sehen und hilflos zu beobachten, wie man nicht wieder hochkommt. Das war nicht einfach nur eine glatte Niederlage, sondern regelrechter Psychoterror. Fast hätte ich Maximilian in den Arm genommen, um ihn irgendwie zu trösten, aber dafür kannte ich ihn nicht gut genug, besser gesagt: gar nicht.

In diesem Moment ging die Musik los. Eine Band aus einem kleineren Nachbarort, die Volksmusik mit modernem Anstrich, aber auch Rock spielte, betrat die kleine Holzbühne und fing an, die Instrumente zu stimmen. Magdalena und Sophia hatten in der Zwischenzeit den Kuchenstand abgebaut, aber weil sie mich geradezu weggescheucht hatten, war mein schlechtes Gewissen, ihnen dabei nicht geholfen zu haben, begrenzt.

Am Rande des Saals wurde ein Büfett aufgebaut, an Essen durfte es bei einem Erntedankfest schließlich nicht mangeln. Ich sah, wie meine Mutter Schüsseln mit Salaten und Platten mit Wurst, Pastete und Käse von Dorfbewohnerinnen entgegennahm und auf den langen, mit weißen Papierdecken überzogenen Tapeziertischen verteilte. Sophias Mutter drapierte zwischen den einzelnen Schüsseln orangefarbene Kürbisse mit grünen Einsprengseln und legte kleine Weizen- und Gerstegarben, zusammengehalten von blauen Bändern, dazwischen.

Die Musiker legten jetzt richtig los, und die Strohpuppe wurde aus der Ecke herausgeholt und unserem Dorfschönling Tim in den Arm gedrückt. Er sollte mit dem Tanz beginnen, keine schlechte Idee, wie ich fand, denn es war bekannt, dass er schon zwei uneheliche Kinder in verschiedenen Ortschaften hatte, dabei war er noch keine dreißig. Ein Mann wie er würde sicherlich auch weiterhin nicht mit seiner Fruchtbarkeit geizen. Und darum ging es ja: Der Same sollte auch im nächsten Jahr aufgehen und eine gute Ernte bringen. War das auch etwas, was für die Welt der Banken zutraf? Meine Zweifel daran wuchsen immer mehr, und was ich eben gehört hatte, verstärkte sie nur weiter. Ich musste mich ablenken von diesen düsteren Gedanken. Hatten Sophia und Magdalena nicht gesagt, ich solle nicht mehr nur über Banken und Finanzen nachdenken?

»Wollen wir tanzen?«, fragte ich Maximilian.

Er wollte.

8
Trickkiste bei der Anwerbung von Bausparern

Frau Eder, es wird Zeit, dass Sie ein Seminar besuchen.« Thomas Mädler stand wieder einmal in meiner Tür. »Sie kennen sich im Bausparbereich noch nicht so gut aus, und deswegen ist es notwendig, dass Sie sich fortbilden. Sie hören sich das alles an, und danach verkaufen Sie Bausparverträge an unsere Kunden. Und zwar mehr als zuvor.«

»Wann soll das denn sein?«, fragte ich.

»Übernächsten Samstag. Ich hoffe, Sie haben da nichts vor, denn wenn, müssen Sie es absagen.«

Da in meinem Vertrag stand, dass ich an Weiterbildungskursen teilzunehmen hatte – ohne dass geregelt war, ob ich für den Schulungstag unter der Woche freinehmen konnte –, sagte ich: »Ich werde es schon einrichten können.« Im Stillen dachte ich: Und wenn ich dann zurückkomme, wirst du mir gleich meine Ziele erhöhen. Dass dies unweigerlich folgen würde, hatte ich schon mehrmals gehört, und tatsächlich sollte es auch eintreten.

»Und passen Sie gut auf! Das Bausparprinzip ist wichtig für uns«, ermahnte Mädler mich noch, bevor er seinen Lieblingsplatz am Türrahmen verließ. Wichtig waren Abschlüsse in dieser Sparte vor allem deshalb, weil Banken nicht nur Abschlussprovisionen bekamen, sondern auch noch eine jährliche Bestandsvergütung. Da war es nicht weiter erstaunlich, dass man Bausparverträge möglichst breit und nachhaltig verteilen wollte.

Das Seminar war am Samstag für zehn Uhr morgens

angesetzt. Das Thema: »Wie bekomme ich den Kunden dazu, *ganz einfach* einen Bausparvertrag abzuschließen«. Ungefähr fünfzehn Leute aus verschiedenen Geschäftsstellen unserer Bank, aber auch aus zwei weiteren Banken unseres Landkreises nahmen daran teil, Ort der Veranstaltung war ein Konferenzraum in unserer Hauptgeschäftsstelle. Bei der Schulung ging es darum, alles rund ums Bausparen zu lernen, so dass wir danach keinen Spezialisten mehr an unserer Seite brauchten, den wir zu Rate ziehen mussten, sondern selbst in der Lage waren, den Kunden überzeugend zu beraten. Und das wiederum war nur möglich, wenn man sich genaue Kenntnisse des Produkts erwarb und die richtigen rhetorischen Phrasen parat hatte. All das sollte uns nun an diesem Sonnabend eingebleut werden.

Als unser Coach stellte sich Martin Huber vor, ein Mann Mitte vierzig, der sich nur als smart beschreiben lässt, an der Grenze zu widerlich. Manchmal kann man Menschen vom ersten Moment an nicht leiden, bei ihm war es so. Mag sein, dass mein Urteil nicht ganz so schnell und vielleicht auch etwas milder ausgefallen wäre, wenn ich nicht schon vorurteilsbeladen bei der Fortbildung erschienen wäre. Onkel Alois hatte mir die Augen noch ein Stückchen weiter geöffnet, gerade was die Abschaffung der Spezialisten betraf. Aus diesem Grund konnte ich nicht einfach so tun, als würde ich an einem Tag alles neugierig aufsaugen, was man mir zum Thema Bausparen bietet, und mich fortan für kompetent halten.

»Es geht nicht nur darum, den Kunden anzusprechen. Sie müssen ihn anwerben. Nur so werden Sie Erfolg haben.« Das war der erste Satz, nachdem der externe Trainer uns begrüßt hatte, dabei streckte er bei dem Wort »anwerben« seine Hände zur Seite aus, als würde er uns alle umarmen wollen, und bei »Erfolg haben« streckte er seinen

Daumen hoch. Es war deutlich zu spüren, dass da einer vor uns stand, der gelernt hatte, Mitarbeiter einer Bank auch nonverbal zu motivieren. Dabei zeigte er immerzu grinsend seine Zähne, zugegebenermaßen hatte er ein kräftiges, weißes Gebiss. Mit dem dunkelblauen Anzug, dem weißen Hemd und der roten Krawatte hätte er gut für eine bestimmte dreifarbige Zahnpasta Reklame machen können.

»Soll ich mir das Anwerben so vorstellen, dass ich mich in einem aufreizenden Outfit an die Straße stelle und Freier aufreiße?«

Schlagfertig hatte eine etwas erfahrenere Kollegin, sie war vielleicht Mitte dreißig und arbeitete in einer anderen Bank, auf Hubers Aussage reagiert. Ihr Namensschild wies sie als »Vera Leitmeier« aus. Alle lachten.

»Nein, nein«, winkte der Coach ab. »Meine Philosophie ist es, fachliche und soziale Kompetenz miteinander zu verbinden. Nur wenn sie dem Kunden das höchstmögliche Maß an Leistung bieten, haben Sie ihn nicht nur angesprochen, sondern angeworben.«

»Das ist aber eine seltsame Definition von ›anwerben‹.« Vera Leitmeier schüttelte nachdenklich ihre kastanienbraunen Locken.

»Sie werden im Laufe des Tages noch sehen, wie das gemeint ist.« Martin Huber versuchte ein gewinnendes Lächeln, ich konnte mir sofort vorstellen, warum er Coach war: Bei jeder Frage, die ein Gegenüber aufwarf, mochte sie noch so berechtigt, intelligent oder dumm sein, er würde offen und direkt auf einen zugehen – auch jetzt hatte er schon wieder seine beiden Hände ausgestreckt, diesmal in Richtung seiner Kritikerin. Wahrscheinlich hätte er auch Prediger werden können – bedauerlicherweise war der Tagessatz in diesem Beruf aber lange nicht so hoch wie der eines Coachs für Bankenmitarbeiter.

Anschließend erklärte uns Martin Huber, dass am Vormittag der fachliche Teil abgehandelt würde, am Nachmittag der soziale, also der praktische. Für den inhaltlichen Part stellte er uns nun einen Referenten von der Bausparkasse vor, ein Double von Huber, nur etwas jünger und in einen lichtgrauen Anzug gekleidet. Das Double erklärte uns in den nächsten zwei Stunden den Aufbau eines Bausparvertrages bis ins kleinste Detail, seine Eigenschaften und den Nutzen für die Kunden. Was er uns darlegte, offenbarte nur zu deutlich, dass die Verträge juristische Kunstwerke waren. Man konnte nur hoffen, dass die Kunden nicht zu genau nachfragen würden, denn trotz ausführlicher Erläuterungen hatte ich bis zur Mittagspause nicht das Gefühl, nur ein Drittel von dem behalten zu haben, was uns referiert wurde.

Bei den Bausparverträgen, das war hängengeblieben, besteht das Grundprinzip darin, dass die vertraglich vereinbarte Bausparsumme zu einem vertraglich festgelegten Prozentsatz angespart wird. Und wie bei all solchen Sparverträgen existieren auch beim Bausparen unterschiedliche Tarife, wobei die Renditen gestaffelt sind, abhängig von den Tarifen. Dabei gibt es zum Beispiel Standardtarife, Schnellspartarife, Langzeittarife und variable Tarife. Die Laufzeit eines Standardtarifs beträgt etwa zwischen achtzehn und zwanzig Jahren, davon sind ungefähr acht Jahre Ansparzeit. Manche der abgeschlossenen Verträge brachten der Bank nur einen Prozent Gewinn, aber es gab auch welche mit 1,5 und zwei Prozent. Natürlich wurden wir angewiesen, möglichst die Bausparverträge zu verkaufen, die die höchsten Renditen einbrachten. Alles andere hätte mich auch gewundert.

Damit dies gelingt, sollten wir als Erstes immer den Nutzen für den Kunden geballt vorstellen, »am besten mit einfachen Schlagwörtern, eventuell auch mit Zeichnungen«, erklärte der Huber-Klon. »Sprechen Sie von den Wechselmöglichkeiten, den Teilmöglichkeiten, Darlehensanspruch, Darlehensverzicht. Und das alles *nur* für eine einmalige Abschlussgebühr von einem Prozent. Reden Sie die Abschlussgebühr klein, rechnen Sie sie am besten auf einen monatlichen Betrag herunter, dann wirkt die Summe nicht so gewaltig. Haben Sie eine Abschlussgebühr von 1000 Euro bei einer Laufzeit von fünfzehn Jahren, sind es monatlich nur 5,50 Euro. Das ist doch weniger als eine gute Flasche Wein, oder?« Grinsend schaute er uns nacheinander an. Wer wollte ihm da widersprechen?

Anschließend lernten wir ein paar Tricks zur Höhe der Bausparsumme (BS). Die kleinste BS bestand aus 10 000 Euro. Nun wurde uns zu verstehen gegeben, dass man diese Möglichkeit gar nicht erst in Erwägung ziehen sollte. »Steigen Sie gleich bei 20 000 Euro ein. Und wenn Sie merken, dass der Kunde bereit ist, eine höhere BS ins Auge zu fassen, dann schlagen Sie im nächsten Schritt 30 000 Euro vor, eventuell noch 25 000 Euro, aber keinesfalls darunter.« Dabei konnte man eigentlich ab 10 000 Euro jede beliebige Summe wählen.

»Das nennt sich dann fachliche Beratung«, flüsterte mir mein Nachbar zu.

»Unter dem Motto: ›Ganz einfach‹«, flüsterte ich zurück.

»Hat noch jemand Fragen?« Der lichtgraue Anzugträger blickte in die Runde.

Ich hob meine Hand: »Ein Bausparvertrag muss ja zu dem Kunden passen. Würden Sie auch einer achtzigjährigen Frau einen solchen empfehlen?« Immerhin waren Bausparverträge eine langfristige Sache, allein bedingt dadurch, dass sie an einen Anspruch auf ein Baudarlehen gebunden waren. Und ich hatte gerade von einem Fall gehört, bei dem – mal wieder – eine Achtzigjährige, die einen alten

Bausparvertrag hatte, kontaktiert worden war, mit einem besonders gemeinen Vorgehen. Die Bausparkasse sagte ihr, dass sie den alten Bausparvertrag – mit einem Guthabenzins von vier Prozent – nur behalten könne, wenn sie einen neuen abschließen würde. Die Kundin wollte das nicht, mit dem Hinweis, sie hätte eine schuldenfreie Eigentumswohnung, weshalb sie keinen neuen Vertrag brauchte, außerdem verwies sie auf ihr Alter und eine Sehbehinderung, sie könne das hier in dem Licht der Geschäftsstelle nicht lesen, außerdem brauchte sie Ruhe dazu. Sie zeigte dem Berater sogar ihren Schwerbehindertenausweis. Der Berater druckte dann etwas aus, was sie unterschreiben solle, mit dem Hinweis, dass dies aber kein neuer Vertrag sei. Zu Hause angekommen, stellte sie fest, dass es sehr wohl einer war, abgeschlossen über 33 000 Euro. Die Frau kündigte den Neuvertrag fristgerecht, dennoch wurden ihr die Sparraten von ihrem Konto abgezogen. Sie widersprach der Einzugsermächtigung, die Bausparkasse informierte die Dame daraufhin nur über die Nichteinlösung der Lastschrift und angefallene Stornogebühren in Höhe von 2.50 Euro.

»Selbstverständlich«, antwortete Huber II. »Da er übertragbar ist, kann die Frau ihn ihren Kindern oder Enkelkindern vererben. Nichts geht da verloren.«

»Aber Sie hat dann doch selbst nichts von dem Geld. Da wäre es doch sinnvoller, einer Achtzigjährigen ein Tagesgeldkonto anzuraten, oder sehen Sie das anders?«

Natürlich sah er das anders, denn Tagesgeldkonten brachten der Bank so gut wie keine Rendite. Aus diesem Grund versuchte ich noch eine andere Argumentation: »Sie haben uns selbst von den Abschlussgebühren bei den Bausparverträgen erzählt, die wir ›kleinreden‹ sollen. Ich habe gelesen, dass viele Verbraucherzentralen bei Landesgerichten deswegen rechtliche Schritte eingeleitet haben sollen. Wie sollen wir reagieren, wenn uns ein Kunde danach fragt?«

»Bislang hat noch kein Rechtseinspruch Erfolg gehabt, das können Sie jedem zu verstehen geben, der meint, es besser zu wissen.« Damit hatte der Experte auch mich gemeint, das war seiner gerunzelten Stirn deutlich zu entnehmen. »Ihre Aufgabe als Bankberaterin und Bankberater ist es ja auch«, fuhr er fort, »Ihre Ziele zu erreichen, denn sonst gefährden Sie auf Dauer Ihre Arbeitsplätze und die Ihrer Kollegen. Sie wissen ja, dass unrentable Zweigstellen geschlossen werden müssen. Es liegt an Ihnen, dass es nicht so weit kommt.«

Ausweichmanöver und Ausübung von moralischem Druck – das waren wohl die Strategien, wenn eine Frage unbequem war und man sie nicht beantworten wollte.

Nach dem Essen in einem der Bank gegenüberliegenden kleinen italienischen Lokal hatte Martin Huber seinen großen Auftritt. Jetzt ging es um das, was wirklich wichtig war: die soziale Kompetenz. Empathie und das Einfühlungsvermögen in die Wünsche eines individuellen Kunden waren damit allerdings nicht gemeint, stattdessen ging es letztlich um nichts anderes als um Tricks, um Möglichkeiten und Strategien, wie man seine Kunden am besten zu einem Bausparvertrag überredet.

Vera Leitmeier hatte mit ihrer anfangs vielleicht etwas lapidar geäußerten Bemerkung recht behalten: Wir Berater mussten mit Versprechungen locken, damit die Freier – nein, die Kunden – auch bezahlten. Zumindest sollten sie ihr Geld nicht in andere Vergnügungen wie Reisen oder Autos stecken, sondern in Produkte der Bank. War nicht möglicherweise doch das Geldgeschäft das älteste Gewerbe der Welt? Mit Sicherheit das zweitälteste.

Martin Huber sagte wieder und wieder: »Wir alle sind

am Markt tätig«, wir müssen unsere »Stärken verstärken«, nur so könne man das eigene Verkaufsverhalten optimieren. Diese äußerst »sozialen« Aspekte schrieb er auch auf ein Flipchart. Darunter setzte er den Begriff »Telefonakquisition«.

Als es nun um die »erfolgreiche Telefonakquisition« ging, hörte ich sofort Thomas Mädler in meinem Kopf, anscheinend hatte er sich dort eingenistet: »Frau Eder, da passen Sie aber mal besonders gut auf. Da haben Sie noch einiges nachzuholen.«

Martin Huber versuchte uns nun in die Geheimnisse dieser Kommunikationsform einzuweihen, wobei es ihm nicht nur um potenzielle Bausparkunden ging, sondern um eine generelle Verbesserung unserer Fähigkeiten. Oberstes Gebot war bei der Anwerbung von Kunden übers Telefon gleichbleibende Höflichkeit: »Immer mit einem Lächeln sprechen, dann hört sich Ihre Stimme schon viel freundlicher an. Und auch wenn Sie unwirsch abgewimmelt werden, lassen Sie sich niemals anmerken, dass es Ihnen etwas ausmacht. Versuchen Sie zu ergründen, warum man es ablehnt, mit Ihnen zu sprechen und einen Termin auszumachen. Meist sind die Argumente, die dann kommen, so schwach, dass Sie wieder die Gesprächsführung übernehmen können. Passt es einem Angerufenen nicht, dann fragen Sie, wann Sie sich wieder melden dürfen. Bieten Sie verschiedene Tage und Uhrzeiten an, auch bei persönlichen Terminen, dann hat der Kunde das Gefühl, dass er sich entscheiden kann.«

Wenn man Martin Huber glauben wollte, würde es zu unangenehmen Telefonsituationen erst gar nicht kommen, wenn man folgenden Tipp beherzigen würde: »Fallen Sie nicht gleich mit der Tür ins Haus. Sprechen Sie möglichst nicht sofort über den Anlass Ihres Anrufes. Suchen Sie sich stattdessen einen privaten Aufhänger, den Sie in den folgenden Gesprächen mit dem Kunden konsequent aufbauen.«

Huber, der sich als »praxisorientiert« vorgestellt hatte, präsentierte uns dann auch gleich ein Beispiel: »Ist Ihr Kunde ein Fußballfan und Sie wollen ihn am Montag anrufen, dann sollten Sie ein wenig die Bundesligatabelle im Kopf haben, am besten noch das Ergebnis, das sein Lieblingsverein erzielt hat.« Dabei gestikulierte er wieder mit beiden Händen, als würde er vor einer Wetterkarte stehen und Stürme in Norddeutschland ankündigen wollen. Für ein Gespräch am Telefon war das allerdings ein sinnloses Vorgehen, da das Gegenüber einen nicht sehen konnte.

»Auch bei einer Niederlage?«, warf einer der Teilnehmer grinsend ein, es war Moritz Bernbacher, ein Mitarbeiter aus einer unserer Zweigstellen.

»Ja, bringen Sie Ihr Mitgefühl zum Ausdruck, sagen Sie, dass Bastian Schweinsteiger oder wer auch immer schon mal besser gespielt hätte, dass er aber in den nächsten Spielen bestimmt alles wieder wettmachen würde. Ein optimistischer Ausklang ist dabei besonders wichtig. So schaffen Sie Nähe zum Kunden. Er soll vergessen, dass Sie ein Bankberater sind. Im besten Fall denkt er, Sie sind ein Kumpel, mit dem man eigentlich ganz gern zum nächsten Fußballspiel gehen würde. Beim nächsten Anruf freut er sich sogar, dass Sie an ihn gedacht haben. Er soll richtig süchtig nach den Telefonaten mit Ihnen werden!«

»Das hört sich in der Theorie ja super an«, warf ich ein. »Aber in der Praxis ist das so nicht umsetzbar. Die meisten Kunden, die ich angerufen habe, sind eher genervt, wenn ich mich melde.«

»Das liegt daran, dass Sie persönlich noch austauschbar sind. Wenn der Kunde denkt, Sie sind nichts anderes als ein Anrufer vom Callcenter der Telekom oder eines Marktforschungsinstituts, dann werden Sie auf Dauer keinen Erfolg haben. Die Menschen von heute telefonieren gern und nutzen dazu jede Gelegenheit. Reden Sie mit ihnen über den neusten Kinofilm, das Theaterstück, das Sie gerade gesehen haben, über die Buchmesse, wenn Sie wissen, dass Ihr Kunde gern liest. Alles muss aber lässig wirken, nicht aufgesetzt, als würden Sie mit einer netten Nachbarin sprechen.«

»Sind wir eigentlich Bankberater oder Talkshowmaster, die jede Woche über ein anderes Thema plaudern können? Wir sind ein seriöses Institut. Wieso soll ich mit einem Kunden über meine Ansichten reden? Da muss es doch auch eine Trennung von Privatem und Geschäftlichem geben. Mochte Peter Hartz auch mit Leuten aus seiner Gehaltsklasse nach geschäftlichen Terminen ins Bordell gegangen sein. Aber irgendwo muss es seine Grenzen haben, besonders dann, wenn man eine Rentnerin, die sowieso am Limit ist und gerade eben mit ihrem Geld zurechtkommt, noch zu einem Ansparer machen soll, mit 50 Euro im Monat. Wenn ich das weiß, kann ich nicht ungezwungen mit ihr übers Wetter oder die Alterswehwehchen plappern. Das geht nur, wenn ich weiß, dass ich nicht in dieser Weise zielorientiert agieren muss.« Veras Ton war deutlich schärfer geworden.

»Genau«, mischte sich Moritz Bernbacher ein. »Ich hatte einen ähnlichen Fall, da musste ich eine Dame anrufen, weil sie ständig ihr Konto überzog. Sie war noch immer im Bereich ihres Dispos, aber der ist ja nur für kurzfristige Überziehungen gedacht, nicht für ein permanentes Am-Limit-Sein. Mein Chef gab mir zu verstehen, dass die Situation für die Bank ein Risiko darstellt, denn wenn die Frau stirbt, müssten wir die Überziehung tragen. Also hatte ich die Aufgabe, ihr klarzumachen, dass man ihren Dispo streichen würde, sollte sie ihn weiterhin überziehen, oder sie müsse eben Ansparer werden. In diesem Fall hätten wir bei ihrem Ableben nämlich Zugriff auf eine Summe, mit der man die möglichen Verluste auf dem Girokonto ausgleichen könne. Natürlich sollte ich ihr das nicht so sagen, aber dennoch die Botschaft zu verstehen geben. Ich stellte mir vor, wenn ich dies meiner Mutter mitteilen müsste, wäre die sicherlich in Tränen ausgebrochen. Und als ich mich dann bei der alten Dame meldete und ihr die beiden Alternativen mitteilte, bekam sie auch fast einen Herzkasperl, so dass ich schon Angst hatte, sie würde zusammenbrechen. Und jetzt sagen Sie mir, wie ich bei einer solchen Kundin wie mit einer netten Nachbarin sprechen soll? Als guter Nachbar würde ich eigentlich nichts unternehmen und darauf vertrauen, dass sich alles schon von allein regeln würde. Auf jeden Fall würde ich mein Hauptaugenmerk nicht auf einen baldigen Tod richten.«

Gespannt blickte ich unseren Coach an, denn Vera und Moritz hatten mir aus der Seele gesprochen. Natürlich, eine Bank brauchte Sicherheiten, aber mir schien, dass sich bei diesem Thema eine große Diskrepanz auftat. Wenn ich an all die strukturierten Papiere dachte, die irgendwelche scheinbar unabhängigen internationalen Ratingagenturen nach schwer durchschaubaren Bewertungsmaßstäben als »sehr sicher« (AAA oder Triple A) einstuften oder gar mit dem Prädikat »schlechte Bonität« (C, D) versahen, dann glaubten Banken das unhinterfragt – und mussten deswegen in der Finanzkrise 2008 auch immense Verluste hinnehmen. Doch wenn ein älterer Mensch seine Rente in einem verhältnismäßig sehr überschaubaren Rahmen überzog, dann war Panik angesagt, weil vielleicht 200 oder 300 Euro ausgeglichen werden mussten, obwohl man schon jahrelang auch durch Dispozinsen und Kontogebühren an ihr verdient hatte. Da vertraute man nicht darauf, dass sich vielleicht doch jemand aus der Verwandtschaft fand, der für den Ausgleich sorgte oder die letzte Rente dafür verwendet werden konnte. Es herrschte ein seltsames Missverhältnis: Gegenüber den treuen Kunden war man misstrauisch, gegenüber den Risiken im großen Business war man stattdessen mit Scheuklappen ausgestattet. Eigentlich unfassbar; dieses Beispiel müsste doch auch unseren Coach erschüttern.

Das war aber keineswegs der Fall: »Herr Bernbacher, die Bank ist kein Therapiezentrum. Sie haben genau richtig gehandelt, indem Sie der Dame zu verstehen gaben, dass sie vielleicht einmal zahlungsunfähig sein könnte. Ihr Verhalten war also vollkommen gerechtfertigt.« Hubers Hände takteten eine bedeutsame Pause, es war nicht zu verkennen, dass wir dadurch eine moralische Aufwertung bekommen sollten – Zweifler durfte es bei der Bank nicht geben. Schon gar nicht die harmlosen Deppen. Die risikofreudigen Typen, die waren gefragt.

Schließlich fuhr er fort: »Selbst wenn Sie das Gefühl haben, als private Person hätten Sie anders gehandelt, als Berater liegt Ihre soziale Kompetenz darin, den Interessen der Bank zu folgen. Wenn Sie einen Kunden wie diese Dame anrufen müssen, fragen Sie nach Ihrer Gesundheit, und wenn sie Ihnen erzählt, dass sie gern ein Gläschen Likör trinkt, dann schnappen Sie die Information auf und setzen Sie die bei der nächsten Mahnung ein. Trinken Sie mit ihr in Gedanken zusammen ein Glas, dann wird sie auch keinen Herzkasperl bekommen, sondern vielleicht sogar 100 Euro sparen.« Das sagte er mit Siegerlächeln an Vera gewandt. Und wahrscheinlich sollte man so viele Liköre mit ihr trinken, dass sie möglichst bald ins Grab steigt, dann hätte sich das Problem »Frau am Limit« von allein erledigt – diesen Gedanken konnte ich mir nicht verkneifen.

Zum Schluss des ganztägigen Seminars schrieb Huber noch einen weiteren Begriff auf das Flipchart: »Poolfishing«. Hinter diesem Wort verbarg sich das Ziel der Banken, aus der Masse der Kunden diejenigen herauszuziehen und »anzuwerben«, die vielleicht bei unserem üblichen und damit auch sehr normierten Listensystem durchs Raster gefallen waren. So konnte jemand bei unserem Institut ein Geschäftskonto oder nur ein Sparbuch mit einem minimalen Betrag haben, aber ein geerbtes Vermögen bei einer anderen Bank. Nun wurden wir dazu aufgefordert, uns diese Personen in ruhigen Minuten einmal genauer anzusehen. »Perlen finden«, nannte Huber das Vorgehen.

Und dann erreichte Hubers Philosophie ihren Höhepunkt. Er erklärte uns, die weißen Zähne zeigend: »Kunden müssen dauerhaft umworben werden, denn nur dann ist Erfolg garantiert. Wenn eine Kundin auf einen Kaschmirpullover verzichtet, um vielleicht mehr Geld in eine Anleihe oder in einen Bausparvertrag zu stecken, dann haben Sie Ihren Job hervorragend gemacht.«

Vera, die in meiner Nähe saß, flüsterte: »Frauen, kauft euch massenweise Kaschmirpullover!« Wir grinsten uns gegenseitig an.

Gemeinsam verließen wir den Tagungsraum. Während wir auf die Straße hinausgingen, fragte ich Vera, was denn ihre Kritik, die ja nicht zu überhören gewesen sei, ausgelöst hätte.

»Ich bin so sauer, weil man überhaupt nicht ernst genommen wird. Mein Chef meint, ich könne mehr, ich solle in die Beratung wechseln, was ich aber nicht wollte. Egal welches Argument ich hervorbrachte, es zählte nicht. Man redete mich tot. Zwar sagte man immer: ›Ja, Frau Leitmeier, wir verstehen Sie ja‹, aber letztlich ging es denen einzig darum, dass ich gefälligst meine Zahlen zu schreiben habe, weil sich der Bankvorstand einen Dreck für den Service interessiert. Das hat man mir sogar ins Gesicht gesagt.« Das kam mir bekannt vor. »Und jetzt sitze ich hier in diesen Seminaren, um eine erstklassige Beraterin zu werden – ich will aber nicht beraten, und der Service muss doch auch stimmen. Wenn der Kunde nicht gut behandelt wird, kommt er nicht wieder. Dann wird man am Ende – soziale und fachliche Kompetenz hin oder her – irgendwann einmal gar keine Kunden mehr haben. Manchmal denke ich, die Vorstände wollen das nicht verstehen.«

»Und musst du in eurer Bank auch bestimmte Zielvorgaben erfüllen?«

»Sicher. Da bekommt der Geschäftsstellenleiter das Ziel, pro Quartal aus jedem Berater eine Bausparsumme von 100 000 Euro und mehr herauszuholen, ganz gleich, ob man halbtags oder ganztags arbeitet. Und wenn wir uns beschweren, dann heißt es, dass es bei der und der Bank noch viel schlimmer sei, da hätte man monatliche, ja, sogar wöchentliche Ziele. Als wenn das ein Trost wäre. Bei diesen immensen Zielvorgaben können wir nur Falsch- und Fehlberatungen machen. Um die vorgegebenen Summen zu erfüllen, bleibt einem nichts anderes übrig, als einer – um dein Beispiel aufzunehmen – Achtzigjährigen einen Bausparvertrag aufs Auge zu drücken. Ich kann das aber nicht. Ich weiß, auf Dauer halte ich das nicht aus, das geht an meine Grenzen. Wieso muss ich einem Menschen, der ein guter Ansparer wäre, auf einmal so etwas andrehen? Dabei muss es ja nicht mal ein Sparvertrag sein, genauso absurd wären Fonds oder ein Zertifikat.«

»Das ist auch mein Problem, ich mag den Leuten nichts verkaufen, wenn sie selbst es im Grunde gar nicht wollen. Dabei steht mir mein Chef ständig im Nacken und überprüft meine Arbeit. Fast vor jedem Kundentermin und auch gleich danach steht er bei mir auf der Matte, als wenn ich dadurch eine bessere Beraterin werde. Kann man denn gar nichts dagegen machen?«

Wahrscheinlich klang die Frage für Vera naiv, aber mich

beschäftigte sie wirklich. Doch auch sie hatte schon darüber nachgedacht.

»Ich hab in der letzten Zeit mal ein bisschen gegoogelt, mir die Gewerkschaften angesehen und mir überlegt, ob ich deswegen mal ver.di ansprechen sollte. Ich meine, die Falsch- und Fehlberatungen können doch nicht einfach unter den Tisch gekehrt werden. Dann die vielen Überstunden, abendliche Telefonakquisition …«

»Die musst du auch machen?«, unterbrach ich Vera.

»Klar, die Leute nerven, wenn sie sich gerade ihr Käsebrot schmieren oder beim Spaghettikochen sind. Da kann man ihnen das Blaue vom Himmel erzählen, die interessiert das in diesem Moment überhaupt nicht. Apropos Essen, ich muss jetzt schnell nach Hause, meine Familie will mit mir noch zu McDonald's. Einmal im Monat gibt es bei uns Junkfood.« Vera lachte. »Aber wir können uns ja mal treffen.«

Wir tauschten noch schnell unsere Handynummern aus.

Und wie ich es erwartet hatte, wurde meine Verkaufssumme bei den Bausparern im nächsten Quartal um 50 000 Euro erhöht.

9
Dirk Nowitzki am Geldautomaten abfangen

Gemeinheiten konnten immer noch gesteigert werden. Anscheinend hatte Thomas Mädler gemerkt, dass ich nicht gern »Telefonmarketing« betrieb. Einen Menschen nicht zu sehen und ihn zu einem Termin zu bitten – letztlich zu überreden –, was im Grunde einen Verlust seiner Finanzen zur Folge haben könnte, das behagte mir nicht, ja es entmutigte mich immer mehr. Vor jedem Kundengespräch hatte ich das Gefühl, dass ich gleich ganz krank werde und unbedingt nach Hause gehen muss. Meine Güte, wie sollte das denn enden?

Darüber brauchte ich nicht mehr lange nachzudenken. Eines Vormittags stand mein Chef wieder einmal in meinem Büro, es hätte noch gefehlt, dass er mir über die Schulter schaute, um zu sehen, ob er neue Häkchen und Daten auf meiner Liste entdecken konnte. Doch was zählten ausgetauschte nette Floskeln und vereinbarte Termine, wenn daraus keine Abschlüsse hervorgingen? Natürlich konnte man dabei Glück haben – der eine mehr, der andere weniger; aufgrund meiner Zurückhaltung, vielleicht auch Schüchternheit, zählte ich zweifellos zur letzteren Kategorie.

Zu unserer Bank gehörte auch noch das TST, das Telefonserviceteam. Es befand sich aber nicht in unserer Filiale, sondern in der Hauptgeschäftsstelle. Aber wenn man dort jemanden bat, diesen oder jenen Kunden anzurufen, weil er etwa den Anlagetipp des Monats oder ein neues Produkt kennenlernen sollte, war davon auszugehen, dass der Effekt gering war. Dann konnte man genauso gut selbst anrufen. Am ehesten bekam man die Kunden in die Bank, wenn es um die Verlängerung ihrer Kfz-Versicherung ging. Das betraf aber meist nur den Monat November – der mir in den zweieinhalb Jahren meiner Tätigkeit als Bankberaterin als jeweils bester Monat des Jahres in Erinnerung geblieben ist.

Als Herr Mädler gerade seine schmalen Lippen öffnete, hätte ich am liebsten gleich gerufen: »Keine«, aber er stellte gar nicht die obligatorische Frage nach der Anzahl meiner schon ausgemachten Kundentermine per Telefon. Nein, es wurde noch fieser.

»Glauben Sie ja nicht, dass ich das dulde. Ich werde Ihnen Ihre Untätigkeit schon austreiben.« Herr Mädler schien mit jedem Wort zu wachsen. »Ich habe beobachtet, wie Sie sich geradezu im Service vordrängen, lieber Einzahlungen annehmen, als sich um Ihre eigentlichen Geschäfte zu kümmern. Und mit Vorliebe scheinen Sie sich ja darum zu reißen, die Bankautomaten mit Geld aufzufüllen. Da habe ich jetzt eine wunderbare Idee für Sie: Sie werden zwar auch weiterhin Kunden telefonisch ansprechen, aber Sie können es sich auch einfacher machen, wenn Sie sie direkt an Ihrem heißgeliebten Bankautomaten abfangen.«

»Ich … soll … die Kunden … wenn … sie …« Weiter kam ich nicht mit meinem Stottern. Mir schien es unglaublich, was man da von mir forderte.

»Richtig, wenn die Kunden Geld abholen, an den Terminals ihre Überweisungen tätigten oder ihre Geldkarten aufladen, dann sind Sie zur Stelle. Locken Sie mit einem schönen Cappuccino, den nehmen die Leute immer an, spart drei Euro im Café. Und da Sie sich ja so gern im vorderen Teil der Bank aufhalten, wird dies ja wohl kein

Problem für Sie sein. Einen Kunden ziehen Sie auf diese Weise täglich in die Beratung hinein. Das erwarte ich von Ihnen. Und wenn ich dann immer noch keine Erfolge sehe, die Sie in unseren morgendlichen Vertriebsrunden präsentieren können, dann …«

Die Drohung sprach er nicht aus, aber es war eine.

»Ich kann Ihnen nur empfehlen, augenblicklich damit zu beginnen.« Mit diesen Worten verließ er den Türpfosten, an dem er sein Rückgrat gestärkt hatte. Für diesen Auftritt schien er extra seine Schuhe mit Ledersohlen angezogen zu haben, denn auf den Steinfliesen konnte man wunderbar hören, wie er sich festen Schrittes entfernte.

Starr schaute ich von meinem Büro hinüber in den Servicebereich. Groß, hell, riesige Glasfront. Wieso hatten Banken eigentlich immer so riesige Fensterscheiben? Lag es daran, dass man den Sparern damit demonstrieren wollte: »Schaut her, wir legen alles offen, hier wird nichts im Geheimen abgewickelt. Geldgeschäfte sind keine Schmuddelgeschäfte, hier bei uns ist alles so clean und bis in den letzten Winkel ausgeleuchtet, da sucht man umsonst nach Dreck und Schmutz!«

Mein Blick wanderte weiter zu den vier Bankautomaten, die in diesem gläsernen Vorraum – fast war es schon eine Halle – standen. Es gab noch einen weiteren Automaten draußen, aber mehr hatten dort an der Hauswand angesichts der Glasfront keinen Platz gehabt. Plötzlich dachte ich: War das gar Absicht gewesen? Sollte der Kunde durch diese bauliche Maßnahme etwa darauf dressiert werden, möglichst zu den Öffnungszeiten der Bank sein Geld abzuheben? Damit man sah, mit wem man es zu tun hatte, damit man genau das machen konnte, was mir eben befohlen worden war? Vielleicht waren das Wahnvorstellungen, ausgelöst durch den Schock, den Mädlers Herunterputzen hervorgerufen hatte?

Gerade hob eine Frau, Mitte fünfzig, am Geldautomaten einen Betrag ab. Sollte ich nun schnurstracks auf sie zugehen, sie am Arm berühren und sagen: »Grüß Gott, ich bin die Maria Eder und berate bei dieser Bank. Wenn Sie jetzt nicht mit mir in mein Büro kommen und zumindest eine Versicherung bei mir abschließen, dann tragen Sie Schuld daran, dass ich keine gute Beraterin bin. Ich weiß, das ist Bauernfängerei, aber mir bleibt keine andere Wahl, man drückt mir die Pistole auf die Brust!« Oder sollte ich sagen: »Tut mir leid, dass ich Sie anspreche, aber auf Ihrem Girokonto befindet sich anscheinend Geld, sonst würden Sie nicht gerade etwas abheben. Lassen ist es lieber dort, wo es ist; ich zeige Ihnen gleich bei mir im Büro, welche lukrativen Möglichkeiten es gibt, Ihr Geld anzulegen. Es ist die Bankerkrankheit, wir können nicht anders, wir möchten, dass Sie jetzt, in diesem Moment, nicht zu viel im Portemonnaie haben, aber es soll Ihnen einmal viel besser gehen, Sie müssen dafür nur zehn, zwanzig Jahre warten.«

Nein, das ging nicht. Dennoch hatte ich keine Chance, mich einfach zu weigern. Meine Kollegen würden mich nicht unterstützen, höchstens Julia, auf gar keinen Fall aber Manfred Deckstein oder Clemens Glander. Ich blieb bestimmt eine halbe Stunde lang weiter auf meinem Platz sitzen und betrachtete die Menschen, die ihre Plastikkarten aus Taschen und Portemonnaies hervorholten. Sie alle ahnten nicht, dass ich sie beobachtete, sie im Visier hatte. »Gib dir einen Ruck«, flüsterte ich leise, um mich selbst zu motivieren, die Kampfarena zu betreten.

Die erste Person, die ich ansprach, war ein Mann Ende dreißig. Er strahlte etwas Lässiges aus, als er die Bank betrat, da hoffte ich, er würde mich nicht gleich mit einem Blick vernichten und in der ersten Runde k.o. schlagen.

»Entschuldigung«, sagte ich, als ich auf ihn zugegangen

war, dabei aber den nötigen Diskretionsabstand berücksichtigte. »Anscheinend sind Sie Kunde unserer Bank. Haben Sie schon einmal daran gedacht, sich für einen Beratungstermin Zeit zu nehmen?«

»Verzeihung, Sie haben gerade etwas gesagt, aber ich war so vertieft in meine Gedanken, da habe ich gar nicht zugehört ...« Der so lässig wirkende Typ packte auf einmal ganz hektisch sein vom Automaten ausgespucktes Geld in die Brieftasche. Noch bevor ich meinen Satz wiederholen konnte, war er an der Schiebetür, die sich selbständig öffnete, wenn man einen bestimmten Bereich des Bodens betrat. Die Tür zur Bank sollte schließlich nicht mühsam aufgestemmt oder aufgezogen werden. Immerhin lächelte er mir noch kurz zu. Erste Runde verloren, aber ich lag nicht ausgezählt am Boden.

Nächster Versuch. Frau, Anfang dreißig, Hosenanzug. Könnte in einer Bank arbeiten. Ich sagte meinen Spruch auf. Sie reagierte im Gegensatz zum ersten Opfer überhaupt nicht. Erst jetzt fielen mir die Kopfhörer ihres iPods auf, die ich bei der Analyse ihres Outfits übersehen hatte. Sie ignorierte mich auch weiterhin, wahrscheinlich hatte sie gerade Mittagspause, und da wollte sie so viel wie möglich erledigen. Die Uhrzeit passte.

Aller guten Dinge sind drei. Wer auch immer diese Formulierung in die Welt gesetzt hatte, Glück brachte sie mir nicht. Eine Bank machte Werbung mit Dirk Nowitzki, dem Basketballspieler, der in den USA bei den Dallas Mavericks spielte. An unserem Bankautomaten Nummer drei stand ebenfalls ein blonder Hüne, im Gegensatz zu Nowitzki sah er in seinem langen Mantel aber nicht wie ein Basketballspieler, sondern eher wie ein Künstler aus. Eckige schwarze Brille, die Geldkarte lose aus der Hosentasche geholt, kein Portemonnaie. Der Riese hörte mir zwar zu, sagte aber, draußen stünde ein Taxi und würde auf ihn warten, er müsste sofort weiter, er hatte nur schnell Geld abheben wollen. Das war auch sein gutes Recht, dazu waren Bankautomaten da und nicht, um an ihnen zu einem Gespräch und zu anschließenden Vertragsabschlüssen überrumpelt zu werden. Genauso gut hätte er sagen können, er müsse dringend zum Arzt oder zu einem Meeting. Jeder hatte doch andere Termine im Kopf als gerade ein Beratungsgespräch mit mir. Jeder hatte Stress, war in Eile, dankbar dafür, dass es Bankautomaten gab und keine Schalter mit langen Schlangen, in die man sich einreihen musste, um an eine bestimmte Geldsumme zu kommen. Ausgenommen vielleicht Ruheständler.

Zwischen Verständnis und Resignation schwankend, begab ich mich wieder in mein Büro. Auf dem Weg dorthin hielt mich Julia auf.

»Na, gefrustet?«, fragte sie.

»Woher weißt du das?«

»Hab doch gesehen, wie du einen Kunden nach dem anderen angesprochen hast, als würdest du in München in einer Fußgängerzone stehen, um Leute für eine Marketingumfrage zu gewinnen. Mädler hat dir das sicher aufs Auge gedrückt, stimmt's?«

»Ja, weil meine Telefonaktionen so unglaublich erfolgreich sind. Aber verkaufe mal einem AC/DC-Fan eine CD mit Volksmusik. Einige können das, ich nicht.«

»Nimm es dir nicht zu Herzen. Selbst diejenigen, die von uns nur im Servicebereich tätig sind, haben neben ihren üblichen Unterlagen auch den ›Tipp des Monats‹ bei sich liegen. Wenn die einen Kunden so einschätzen, dass er vielleicht bereit wäre, seine Euros in unsere Bankprodukte zu investieren, müssen sie sofort dieses Blatt hervorzaubern und darauf hinweisen. Hat einer angebissen, bekomme ich den Kunden aufs Auge gedrückt oder einer der anderen hier im Haus.«

»Das wusste ich gar nicht«, sagte ich.

»So etwas wird ja auch nicht groß an die Glocke gehängt, und diese Vorgehensweise wurde auch gerade erst beschlossen.«

Ich kam wieder auf mein Problem zurück: »Aber ich kann doch nicht dumm herumstehen und alle möglichen Kunden blöd am Geldautomaten ansprechen. Am Servicepoint ist das noch was anderes …«

»Du meinst, das ist einer Bank angemessener?«, unterbrach mich Julia.

»Irgendwie schon. Stell dir vor, dich würde man am Bankautomaten anreden!«

»Ich würde bitterböse dreinschauen.«

»Genau. Ich verstehe auch gar nicht, warum unsere Bank das nötig hat. Sie ist erfolgreich, sie hat den Ruf, kompetent zu sein, warum müssen dann unsere Kunden auf diese Weise angesprochen werden, wo sie doch ein solches Verhalten nur als störend und nervig empfinden. Das muss man dem Mädler mal deutlich sagen.«

»Oh Gott, tu das bloß nicht.«

»Aber warum nicht?«

»Dann heißt es nur: ›Die ist nicht teamfähig. Die arbeitet nicht im Sinne der Bank. Die ist nicht solidarisch und loyal zu ihren Kollegen. Die identifiziert sich nicht mit der Bank.‹ Wenn das die Runde macht, bist du unten durch, nicht nur in dieser Filiale, sondern auch in allen anderen Zweigstellen.«

»Aber wie soll man denn sonst reagieren, wenn Mädler mit solchen Strafaktionen kommt?«

»Strategie ist in solchen Momenten alles.« Julia grinste mich an. »Ich kann dir nur einen guten Rat geben: Lass dir kluge Ausreden einfallen.«

»Was meinst du damit?«

»Erwecke den Eindruck, dass du wahnsinnig beschäftigt

bist – so wie die Leute am Geldautomaten. Die geben dir zu verstehen, dass sie keine Zeit für dich haben. Und Mädler musst du genauso zu verstehen geben, dass du keine Zeit hast. Steht er wieder provokant bei dir in der Tür, musst du ihm sagen, dass du für den Kurier zur Hauptgeschäftsstelle noch dringend etwas fertig machen musst, die Hauspost sofort zu erledigen ist, dass du Konzentration brauchst, um dich auf einen Termin mit einem Kunden vorzubereiten, der um drei Uhr vorbeikommen möchte – auch wenn das gelogen ist. Abwimmeln ist bei unserem Chef die beste Taktik, besonders dann, wenn du ihm klarmachen kannst, dass du nur an die Bank denkst, ständig und ewig. Da dies sein eigenes Mantra ist, kannst du ihn hier am besten packen.«

»Aber wenn ich nur fünf Minuten mal nichts zu tun habe, scheint er das sofort zu spüren und taucht augenblicklich bei mir auf.« Julias Strategie leuchtete mir zwar ein, aber für einen Dauerzustand stellte ich mir das ziemlich anstrengend vor. Ständig etwas vortäuschen zu müssen, das entsprach nicht meiner Mentalität, dafür war ich nicht abgestumpft genug. Vielleicht erwarb man sich eine solche Taktik, wenn man länger dabei war, obwohl ich mir nicht vorstellen konnte, dass dies bei irgendeinem Menschen zu seinem Wohlgefühl beitragen konnte. Und kam es nicht darauf an, dass man bei dem, was man tat, Zufriedenheit spürte?

In der letzten Zeit hatte ich viel über Projekte mit Kindern gelesen, die in Slums aufwuchsen, ganz gleich ob in Asien, Afrika oder Lateinamerika. Immer ging es darum, dass man den Jungen und Mädchen das Gefühl geben wollte, etwas wert zu sein. Sie sollten Selbstbewusstsein entwickeln, selbst wenn sie im Müll nach etwas Essbarem suchen mussten oder nach Dingen, die sie verkaufen konnten. Denn nur mit einem gesunden Selbstbewusstsein würde man es auch schaffen, mit Teamgeist und Engagement aus dem Elend herauszukommen. Doch all diese Eigenschaften schien man uns, im Mikrokosmos Bank, abtrainieren zu wollen. Wahrscheinlich, so überlegte ich weiter, würde ich eines Tages von einem einstigen Slumkind aus Nairobi angesprochen werden: »Hey, Maria, du bist jemand. Nimm an unserem Projekt für eine bessere Welt teil. Du wirst sehen, dass du es schaffen kannst. Wir haben die Müllhalden hinter uns gelassen, du wirst die Geld- und Zertifikatshalden hinter dir lassen.«

»Hey, Maria, hast du mir eigentlich zugehört?« Julia schaute mich eindringlich an.

»Tut mir leid, nein, ich hatte mir nur gerade etwas ausgemalt. Was hast du gesagt?«

»Ich denke, dass du auch etwas frecher werden solltest. Wenn dich Mädler das nächste Mal zum Anbaggern an die Geldautomaten schickt, dann sagst du einfach: ›Als ich bei Ihrem Kundentermin dabei sein durfte, habe ich so viel von Ihnen gelernt. Können Sie mir nicht auch mal vormachen, wie es geht, den Kunden anzusprechen, wenn er gerade seine Geheimzahl eintippt?‹ Du wirst sehen, dann wird er die Angelegenheit ganz schnell vergessen.«

Bei der Vorstellung, wie Thomas Mädler mit seinen lederbesohlten Schuhen zielstrebig auf sein Opfer zugeht und sich einen Korb holt, musste ich laut losprusten.

10
Ein zähes Steak tut niemandem weh

Tatsächlich fing ich nicht nur an, Ausreden zu benutzen, sondern sogar zu lügen – dank der Unterstützung von Julia und eines weiteren Kollegen. So erzählte ich Mädler, dass ich mit diesem oder jenem Kunden auf meiner Liste gesprochen hätte (was natürlich nicht stimmte), sagte, dass bei dem einen kein Interesse für einen Versicherungscheck bestünde, er hätte einen Bekannten im Versicherungsbereich, wenn, dann würde er bei ihm einen Vertrag unterschreiben. Bei einer anderen Person gab ich vor, dass das angesammelte Geld auf dem Girokonto demnächst für den Kauf eines Autos verwendet werden sollte – damit konnte ich dann gut begründen, warum der Kunde nicht an ein Produkt der Bank gedacht hatte. Immer wieder benutzte ich auch die klassische Variante, die beliebig häufig einsetzbar war, ohne dass sie verräterisch klang: »Der Angerufene hat gerade keine Zeit.« Oder in der erweiterten Version: »Der Angerufene wird zurückrufen, wenn er wieder etwas Luft hat.«

Auf diese Weise erfüllten wir im Geheimen das, was die Bank offiziell behauptete zu sein: kundennah, freundlich und bodenständig. Indem wir die Sparer erst gar nicht mit gefährlichen Papieren konfrontierten, konnten wir ihnen gar keinen größeren Gefallen tun. Dieser Gedanke heiterte uns auf und drängte die unangenehmen Gefühle ein wenig in den Hintergrund. Doch ganz los wurde ich sie nie. Ich konnte nicht einfach abschütteln, dass ich das, was mein

Arbeitgeber von mir forderte, nicht erfüllte, ja nicht erfüllen konnte.

Immer wieder musste ich in diesen Tagen an Frieda denken, die weiterhin bei unserem Metzger als Verkäuferin tätig war. Vielleicht musste auch sie einem Kunden mal ein weniger gutes Stück Fleisch unterjubeln, aber nur in Ausnahmen – sonst würde der Laden in Altdorf schnell den Besitzer wechseln. Eine Bank aber würde nie auf dieselbe Weise pleitegehen, weil Kunden erst sehr viel später erkennen können, was man ihnen da angedreht hat – Zertifikate können nicht gebraten werden wie ein Steak, bei dem man nach dem ersten Bissen konstatieren kann, dass es zwar von außen noch ganz gut aussah, innen aber zäh und ungenießbar war. Die abgründigen inneren Strukturen eines »innovativen« Papiers für Privatsparer wären wohl auch nie aufgeflogen, wenn nicht die amerikanische Investmentbank Lehman Brothers gefallen wäre und sich durch den dadurch ausgelösten Finanzkollaps zeigte, wie viele Kunden in ganz Deutschland durch den Kauf von Zertifikaten dieser Holding Geld verloren hatten, das sie entweder gar nicht zurückbekamen oder nur zum Teil, und dann auch nicht ohne die Unterstützung von Verbraucherzentralen und Rechtsanwälten.

Plötzlich konnte ich mir nichts Schöneres vorstellen, als in einem Büro zu sitzen und täglich eine bestimmte Anzahl von Akten durchzuarbeiten. Wenn ich diese nicht schaffte, mochte ich zwar einen Anpfiff bekommen, aber es blieb allein meine Angelegenheit. Beim Verkauf von strukturierten Papieren oder unnützen Versicherungen litt der Kunde darunter, und zwar in einem für mich nicht mehr zu verantwortenden Ausmaß. Die zu bewältigende Anzahl von Akten konnte ich durch Überstunden wieder abarbeiten, auch ein zähes Steak tat niemandem wirklich weh, aber wenn jemand sein jahrelang mühsam Erspartes durch den

Kauf von falschen Anleihen und Fonds auf Dauer minimierte oder gar verlor, so war das doch für die eigene Seele etwas sehr Belastendes.

Meine Ausreden waren eine Überlebensstrategie, um den Menschen keinen Mist erzählen zu müssen – Mist deshalb, weil die in den Broschüren gemachten Versprechungen niemals funktionieren würden. Das hatte ich inzwischen begriffen, und keiner konnte mich mehr vom Gegenteil überzeugen. Hatte ich dann tatsächlich einen Termin mit einem Kunden, verspürte ich schon morgens beim Aufstehen keine Lust, in die Bank zu fahren. Mein Auto stellte ich weit von meinem Arbeitsplatz entfernt ab, nur um das Ankommen zu verzögern. Jedes Schaufenster, jede Auslage im Zentrum von Neustadt kannte ich auswendig, dennoch gab es in diesen Momenten nichts Interessanteres, als mir jedes Detail noch einmal einzuprägen. Hatte dieses T-Shirt da gestern auch gelegen? Bestimmt nicht. After-Eight-Eis hatte die Eisdiele doch neu, oder? Bei der Buchhandlung müsste ich auch mal wieder vorbeischauen … Selbstverständlich fluchte ich abends, dass ich meinen Wagen nicht in der Nähe der Bank geparkt hatte. So rasch wie möglich wollte ich Neustadt hinter mir lassen.

Mit der Zeit wurde ich immer mutiger. Es hatte damit angefangen, dass ich einem jungen Mann, der erst einige Jahre Berufserfahrung hatte und auch kein besonders hohes Gehalt bezog, einen Bausparvertrag, den er abschließen wollte, ausredete. Sosehr ich auch rechnete, bei dem Betrag, den er monatlich erübrigen konnte, waren die Konditionen derart schlecht, dass es sich nicht gelohnt hätte. Als »gute« Bankberaterin hätte ich ihn dennoch dazu drängen müssen, einen Vertrag zu unterzeichnen, aber ich konnte nicht zulassen, dass er in sein Unglück rannte. Also sagte ich ihm: »Wäre ich an Ihrer Stelle, ich würde die Finger davon lassen. Sparen Sie jeden Monat diesen Betrag auf einem Festgeldkonto, am Ende haben Sie mehr davon.«

»Das kann ich mir nicht vorstellen!« Erstaunt hatte mich der Mann angesehen. »Lesen Sie doch hier, was in der Broschüre steht …«

»Da steht nicht die Wahrheit drin …«

»Was sagen Sie da?«

»Sie haben richtig gehört.« Ich konnte nur hoffen, dass er sich nicht vor lauter Entrüstung beim Geschäftsstellenleiter beschwerte. Aber er tat es nicht. Wie viele Kunden in unserer Filiale glaubte er »seiner Bank«, hatte tatsächlich Vertrauen zu ihr – und das bedeutete eben auch Vertrauen zu mir. Da war in den letzten Jahrzehnten gute Arbeit geleistet worden.

Nach diesem ersten offenen Gespräch verpackte ich meine Botschaften aber etwas vorsichtiger, formulierte meine eigenen Vorstellungen indirekter. Die meisten Kunden nahmen sie dankbar an, wahrscheinlich hatten sie selbst das Gefühl gehabt, dass die Zinserwartungen übertrieben klangen – da musste es doch einen Haken geben. Es erleichterte mich jedes Mal, wenn ich zu einem Zuwachssparbuch riet oder zu einem Festgeldkonto.

Noch eine andere Erneuerung verweigerte ich. Herr Mädler kam eines Morgens in unserer Besprechungsrunde mit der Idee zu uns, nach jedem Kundengespräch eine Empfehlung einzuholen, und zwar für einen möglichen Kunden, den man vielleicht auch von seiner alten Bank abwerben konnte. Die Absicht dahinter war klar: Auf diese Weise konnte man bei einem Telefonat auf den Kunden verweisen, der die Empfehlung ausgesprochen hatte, schnell sollte ein »vertraulicheres Verhältnis« hergestellt werden, im Sinne von: »Willkommen im Club der Sparer«. Harald Vogelsang, der Sprecher des Vorstands der Hamburger Sparkasse, hat im HaspaJokerMagazin den Clubkunden als »Star« bezeichnet. In seinem Editorial hieß es: »Ihre individuellen Ansprüche und Bedürfnisse stehen bei uns im Mittelpunkt. Deshalb sind Nähe und Menschlichkeit die zentralen Werte bei unserer Arbeit.«

Als Mädler uns seinen Vorschlag unterbreitete, fragte Julia provokant: »Soll jetzt jeder Kunde noch die Visitenkarte seines besten Freundes oder seiner besten Freundin, seines Arbeits- oder Sportskollegen mitbringen, oder wie stellen Sie sich das vor?«

Angesteckt von ihrer Courage, sagte ich: »Bei einem Zeitungsabonnement wirbt ja ein Kunde auch einen anderen, das ist im Prinzip nichts anderes. Bekommen unsere Kunden dann aber auch ein Überraschungsgeschenk, wenn sie einen anderen Kunden mitbringen? Beim Zeitungsabo erhält man doch immer eine Uhr oder eine Kaffeemaschine.«

»Andere Banken«, erklärte Thomas Mädler mit leicht beleidigter Stimme, »machen das schon seit Jahren und sind hochzufrieden.«

»Das mag ja für einen bestimmten Düsseldorfer oder Münchner Kundenkreis zutreffen, aber glauben Sie wirklich, dass die Mentalität der Menschen hier in Neustadt schon so weit ist? Hier sind doch nicht einmal die meisten der Jugendlichen bei Facebook registriert. Und wenn man hier einem anderen etwas empfiehlt, dann sind das höchstens die Würste eines bestimmten Schlachters oder die Traktoren von diesem oder jenem Hersteller.« Julia war in ihrem Element.

»Was auch immer Sie von der Sache halten, ich erwarte von Ihnen, dass Sie meinen Anordnungen folgen. Wir wollen die Visitenkarte – oder wie immer Sie es nennen wollen – flächendeckend bei allen Filialen unserer Bank einführen.«

Ich machte da nicht mit. Anscheinend auch viele andere

Bankangestellte nicht, denn insgesamt war diese Einführung ein Flop. Höchstens zehn Prozent, das war laut unserer Bankenstatistik die Erfolgsquote der »Abo-Werbung«.

Eines Tages fing Philipp bei uns an. Zum Glück war ich jetzt nicht mehr diejenige, die mein Chef mit Argusaugen beobachtete – er hatte ein neues Opfer für sein Projekt gefunden, aus seinen Angestellten skrupellose Berater zu formen. Philipp hatte seine Ausbildung vor einem halben Jahr beendet, aber bislang keine feste Stelle bekommen, so arbeitete er mal in der einen, dann wieder in einer anderen Zweigstelle. Jetzt war mit dieser Festanstellung seine Chance gekommen.

»Ich bin hochmotiviert«, sagte er mit strahlenden Augen.

Ich mochte ihn sofort, mochte es, wie er jeden Morgen eine andere blaue Krawatte zu seinen hellblauen Hemden trug, seine honigblonden Haare hatte er mit ein paar hellen Strähnen aufgestylt. Er war leicht übergewichtig, was ihn aber umso ehrlicher erscheinen ließ. Ein liebenswerter junger Kerl.

»Was schreibst du denn da auf?«, fragte ich eines Morgens, als er eine der typischen Tafeln beschriftete, die vor den Kundentresen standen und die Sparer über die neuesten Trends informierten. Bislang konnte ich nur drei Worte erkennen: »Wollen Sie wetten?« Geschrieben waren sie in einer gut leserlichen Handschrift, nicht zu brav, aber auch nicht krakelig – richtig ansprechend.

»Na ja«, erklärte Philipp, »es geht um Risikoversicherungen, die wir ein bisschen mehr in den Vordergrund stellen sollen. Die Leute schließen zu wenige Versicherungen ab.«

Wie konnte man Versicherungen nur »Risikoversicherungen« nennen?, überlegte ich. Wahrscheinlich, damit die

Kunden Angst bekamen und bei einem Abschluss hofften, dass gleich jegliches Risiko mit ausgeschlossen wird.

»Aber wieso steht da auf der Tafel ›wetten‹? Sind wir hier bei einer Bank oder in einem Wettbüro? Oder will man uns jetzt vormachen, hier geht es so amüsant und spielerisch zu wie bei *Wetten, dass …?*«

»Ich verstehe nicht, was du meinst.« Philipp sah mich mit hochrotem Kopf an.

»Vergiss es, war nur ein kleiner Scherz. Aber was sollst du noch auf die Tafel schreiben?« Mich interessierte es, ob wir langsam in Richtung Zockerhöhle mutierten.

»›Sie denken, Sie haben die günstigste Versicherung? Vergleichen und sparen Sie mit uns.‹ Ist daran etwas verkehrt?«

»Nein, nein, ist alles in Ordnung«, erwiderte ich. Keineswegs wollte ich ihm seine Illusionen nehmen. Vielleicht hatte er mit dem, was er tat, auch keine Probleme. Wobei ich nicht wusste, ob ich ihm das wünschen sollte oder nicht.

»Meinst du, ich sollte noch ein Auto, ein Haus und Kinder um die Worte malen, damit die Kunden wissen, welche Versicherungen gemeint sind?« Philipp war wirklich hochmotiviert.

»Unbedingt«, antwortete ich. »Da fühlen sich die Menschen doch gleich noch viel mehr angesprochen.« Ich riss mich zusammen, damit er den spöttischen Unterton in meiner Stimme nicht wahrnahm. Ich mochte es selbst nicht an mir, dass sich in den vergangenen Monaten diese Nuance verstärkt in mein Repertoire geschlichen hatte. Philipp bemerkte aber nichts. Voller Enthusiasmus malte er ein Auto, das mich an meine ersten Zeichnungen aus der Grundschule erinnerte. Es fehlten nur die Kringel, der Dreck, der aus dem Auspuff kam.

Wie ich es geahnt hatte, kümmerte sich Mädler intensiv

um den Neuzugang – mit größerem Erfolg als bei mir. Hatte ich in den vergangenen eineinhalb Jahren nur zwei Weiterbildungen gemacht – neben dem Bausparseminar noch eines im Versicherungsbereich –, so wurde Philipp ständig von unserem Chef dazu aufgefordert, sich für eine neue Fortbildung anzumelden: »Nächstes Wochenende besuchen Sie eine Schulung als Vermögensberater … Da gibt es auch noch ein Seminar im Versicherungsbereich, das sollten Sie auch nicht auslassen. Und ich sehe gerade, eine Bausparschulung ist wenig später angesetzt, die dürfen Sie keinesfalls versäumen.«

In meinen Augen waren diese Fortbildungen nichts als Drill, denn nach jedem Seminar, das man besuchte, wurden die eigenen Zielvorgaben erhöht. Es war völlig in Ordnung, an Schulungen teilzunehmen, aber das rechtfertigte doch nicht, gleich die Erwartungen an die jungen Berufseinsteiger in die Höhe zu schrauben. Das war ein Vorgehen, das ich nicht nachvollziehen konnte.

Anfangs kam Philipp noch begeistert von seinen Wochenendeinsätzen zurück – »Wir mussten ein Anlagekonzept passend für einen Kunden ausarbeiten und anschließend das Beratergespräch führen. Der Kunde war aber nicht einer von uns, sondern der Herr Angermeier, der Vertriebsleiter der Bank, ein ganz hohes Tier. Sogar eine Kamera wurde aufgestellt, damit anschließend das Filmmaterial analysiert werden konnte!« Doch schon nach wenigen Monaten war das Strahlen aus Philipps Augen verschwunden, manchmal sahen sie sogar richtig traurig aus. Er hätte es nie zugegeben, wenn Julia oder ich ihn darauf angesprochen hätten, aber er war eindeutig überfordert.

Später, als ich längst gekündigt hatte, traf ich zufällig in Neustadt eine Sachberaterin aus dem Personalbüro, das in die Hauptgeschäftsstelle eingegliedert war. Erst sprachen wir über einige Kollegen, dann sagte sie: »In diesem Jahr hatten wir so wenig Bewerbungen von Jungen und Mädchen, die eine Bankausbildung machen wollen, wie noch nie. Das ist sehr auffällig.«

»Und woran liegt das?«, fragte ich. Ich hatte auch schon gehört, dass immer mehr aus meinem Ausbildungsjahr bei ihrer Bank gekündigt haben und sich einen anderen Beruf suchten oder ein Studium anfingen.

»Ich sage mal, das liegt daran, dass die Banken momentan nicht so positiv im Gespräch sind.«

»Sie meinen, das Image der Banken ist nicht mehr so gut wie früher?«

»So kann man es auch nennen.«

Wenn es stimmte, was die Sachbearbeiterin sagte, war das nicht ein Zeichen für die Banken, endlich aufwachen? Würden Sie einmal ihr Ziel der Profitmaximierung durchbrechen und sich auf das besinnen, was Banken schon einmal besser beherrscht hatten – wirklich kundenfreundlich zu sein und adäquat zu beraten, mit einer wirklichen Bedarfsanalyse? Ich bin mir da nicht so sicher. Dann müsste nämlich wieder Moral in den Banken Einzug halten, von der zwar alle sprechen, aber die in der Praxis keine Relevanz hat. Die Schnösel von der Wallstreet bleiben Vorbilder, zu sehr hat man sich selbst in das System von der wundersamen Vermehrung des Geldes verstrickt.

11
Fingerhakeln in der Kreisliga

Auch wenn unser Betriebsrat sich bislang durch wenig Engagement für die Mitarbeiter auszeichnete, eine Aufgabe erfüllte er jedoch mit größtem Enthusiasmus und schöner Regelmäßigkeit: die Organisation unseres jährlichen Betriebsausflugs, Teilnahme freiwillig. Von anderen Banken hatte ich schon die interessantesten Gemeinschaftsaktionen gehört, so war zum Beispiel eine Gruppe nach München gefahren, um sich die Bavaria Filmstudios anzusehen. Bei diesem Ausflug wurden die Teilnehmer zur Nachstellung einer Filmszene animiert, wobei auch die Vorstände der Bank ihr schauspielerisches Geschick demonstrieren mussten. Ich malte mir aus, wie Mädler in einer Szene von *Traumschiff* mitspielte, als ein Schiffssteward, der alle Wünsche von uns reichen Damen und Herren, den Gästen dieses Paradieses auf dem Wasser, zu erfüllen hatte, vom Abholen ungeputzter Schuhe, die man vor die Kabinentür stellte, bis hin zu sonstigen kleinen nervigen Dienstleistungen wie dem Servieren von Aspirin oder einer Flasche Champagner. Selbstverständlich unter der Vorgabe, die Anzahl seiner Aufgaben ständig erhöhen zu müssen – bis zum Umfallen. Das war eine Rolle, in der ich ihn nur zu gern einmal sehen würde. Als alternder Liebhaber oder Animateur konnte ich ihn mir nicht vorstellen. Aber leider wurde *Traumschiff* nicht von Bavaria produziert, meine Tagträume würden sich also nicht einmal in den Studios erfüllen.

Die Mitarbeiter einer anderen Bank waren ebenfalls in die bayerische Landeshauptstadt gefahren, Treffpunkt: Olympiagelände. Dort haben sie eine Zeltdach-Führung organisiert – auf dreißig bis vierzig Meter Höhe! Mutige durften sich sogar kurz unterhalb des Flutlichtmastes abseilen lassen. Schwindelfrei sollte man da schon sein, dachte ich, aber Banker hatten ja keine Angst vor Fallhöhen. Zum Abendessen kehrte die Gruppe in einem Restaurant ein, aber statt eines normalen Menüs gab es ein Krimidinner bei Kerzenlicht. Ich sah Thomas Mädler schon als Leiche in der Isar liegen, mit einem Messer im Rücken. Nein, solche Gedanken wollte ich dann doch nicht haben. Aber mir gefiel die Idee, beim Dessert eine Mordgeschichte aufzuklären.

Erwartungsvoll schauten wir auf das interne Schwarze Brett, als dort der Zettel mit unserem Ausflugsziel hing. Es sollte in die Berge gehen, Aufstieg auf eine Alm mit zünftiger Einkehr, also Brotzeit, Weißbier und hinterher noch ein »Schnapserl«. Die Freude war begrenzt. Man hätte uns auch einen Besuch im Heimatmuseum ankündigen können, der Jubel wäre ähnlich groß gewesen. Da wir in einer ländlichen Umgebung zu Hause waren, hatten wir auf ein großstädtisches Ereignis gehofft. Aber immerhin versprach man uns nebst Wanderung und Gasthof noch ein paar »Überraschungen unter einem bayerischen Motto«. Vielleicht präsentierte man uns ja doch noch einen Toten im Heu?

Geplant war alles für Anfang Oktober, und glücklicherweise schien an unserem Ausflugstag die Sonne noch einmal mit aller Kraft. Es war, als hätte man die Welt mit blank geputzten Geldstücken ausgelegt, die sich gegenseitig reflektierten – bei jedem Blick musste man blinzeln, so sehr strahlte sie. Sonnenbrille auf, eincremen mit Lichtschutzfaktor 30, danach ging es los.

Ein Bus fuhr uns Richtung Aschau am Chiemsee, wo wir einen Bergkamm entlang wanderten. Die Aussicht war wunderschön. Alles sah friedlich aus, als gäbe es keine Ziele und Kunden, die man in ihr Unglück laufen lassen musste. Eigentlich waren wir nun doch alle ganz froh, an einem so warmen Tag nicht durch eine Stadt laufen zu müssen, und noch mehr, unserem kalten Neonlicht im Büro entkommen zu sein. Die Luft roch würzig, nach Pilzen und leicht modrigen Blättern. Der gerade begonnene Herbst hatte seine ersten Spuren hinterlassen.

»Weißt du eigentlich, dass Sarah schwanger ist?«, flüsterte mir Julia zu. Sarah Brandl ging vor uns, neben Thomas Mädler. Sie war seit vielen Jahren Beraterin in der Bank, eine zuverlässige und freundliche Kollegin, die ihren Job beherrschte, sich aber selten mit uns austauschte. Ich hätte beispielsweise nicht sagen können, ob sie unter den Bedingungen moderner Bankberatung litt oder nicht.

»Aber doch nicht von Mädler?« Ich schaute meine Kollegin leicht verwirrt an, Sarah Brandl war, soweit ich wusste, verheiratet.

»Um Himmels willen, Mädler gründet bestimmt keine Familie! Ich glaube nicht einmal, dass er eine Freundin hat. Der lebt doch nur für die Bank. Alles andere wäre ein Wunder.«

»Da hast du auch wieder recht, aber es würde ihm guttun, wenn er mal an etwas anderes denken würde. Na ja, vielleicht finden wir ja heute heraus, ob er noch andere Interessen hat neben seiner Affäre mit der Bank.«

»Worüber unterhaltet ihr euch denn?« Philipp, der lange hinter uns herspaziert war, hatte anscheinend an Tempo zugelegt, oder wir waren durch unser Gesprächsthema »Mädler« vor lauter Schreck langsamer geworden.

»Nichts Wichtiges«, erklärte ich. »Wie kommst du denn inzwischen mit deinem Job zurecht?« In den vergangenen

Wochen hatte ich Philipp richtig lieb gewonnen, zumal er sich nicht zu einem bedenkenlosen Banker entwickelte, sondern zu einem Berater, der seinen Beruf ernst nahm und im Sinne der Kunden arbeiten wollte. Er hatte deutlich abgenommen, sein Berufseinstieg zehrte sichtbar an ihm.

»Ich werde zwar mit Seminaren zugeschüttet, aber das heißt noch lange nicht, dass ich dadurch an Kunden rankomme. Nur die wenigsten lassen sich am Telefon dazu breitschlagen, für einen Termin in die Bank zu kommen.«

»Das kennen wir.« Julia und ich sagten das unisono.

»Und wenn sich dann mal einer zu uns verirrt hat, dann verlaufen die Gespräche meist mühsam und letztlich auch erfolglos. Gestern wollte ich einem Kunden, der schon seit Jahren Geld auf dem Konto hat, ohne etwas abzuheben, einen Immobilienfonds anbieten. Da sagte er nur: ›Mir ist die ständige Verfügbarkeit meines Geldes wichtig.‹ Ich hielt ihm entgegen, dass sein Geld seit Jahren auf dem Konto ruhe, aber er betonte nur ein weiteres Mal, dass es für ihn von großer Bedeutung sei, jederzeit an sein Erspartes zu kommen. Was soll ich darauf erwidern? Ich kann doch nicht nachfragen, warum ihm das denn so wichtig ist. Wir werben doch immer mit Diskretion, da muss ich doch die Privatsphäre respektieren. Ich kann dem Mann doch nicht wie in einem Kaufhaus einen Pullover aufschwatzen, der nicht sitzt, aber für den Konzern Umsatz bringt.«

»Doch, genau das ist deine Aufgabe«, erwiderte ich. »Selbst wenn der Kunde am Anfang Geld verliert, hast du ihm offene oder geschlossene Fonds oder andere Produkte schmackhaft zu machen, nur weil sie einen Ausgabeaufschlag von drei und mehr Prozent für die Bank bringen.«

»Aber das ist doch Betrug.« Philipp wischte sich die Schweißperlen von der Stirn, doch nicht die Sonne oder

der steile Aufstieg brachten ihn ins Schwitzen, sondern seine moralische Bedrängnis.

»Zu dem Ergebnis sind wir auch schon gekommen«, sagte Julia lakonisch.

»Gestern«, fuhr Philipp fort und zeigte sogar vor Empörung mit dem Zeigfinger nach vorne, »habe ich von Mädler eine E-Mail bekommen, darin stand: ›Verkaufen Sie nicht so viele Zuwachssparer. Sie bringen nichts im Ertrag. Denken Sie an die Zertifikate, das hatte ich Ihnen doch in unserem Strategiegespräch schon vermittelt. Haben Sie das vergessen? Und wenn Sie Ihre Quote in diesem Quartal nicht erreichen, dann werden Sie das Fehlende im nächsten Quartal zusätzlich nachholen müssen. Wollen Sie etwa unsere Filiale an die Wand fahren?‹«

»Es ist doch wirklich gemein«, sagte Julia, die nicht weniger empört war als Philipp. »Wie kann er es überhaupt wagen, einem Einzelnen von uns mit einer solchen Aussage zu kommen? Das ist doch die Höhe. Wenn man seine Zahlen nicht bringt, heißt es am Ende noch, man hätte Arbeitsverweigerung betrieben.«

»Die können einen doch nicht wegen Arbeitsverweigerung belangen, wenn man seine Ziele nicht erreicht?« Ich hatte gerade den Blick ins Aschauer Tal genossen, doch der Genuss war bei dieser Vorstellung augenblicklich vorbei.

»Nein«, sagte Julia. »Das ist nicht erlaubt. Aber ich habe schon von anderen Banken gehört, dass man unterschwellig mit dieser Androhung operiert. Viele sind dadurch so eingeschüchtert, dass sie nicht weiter nachfragen. Wie man sieht, werden alle Mittel und Wege versucht, damit die Zielvorgaben erreicht werden, da scheut man vor nichts zurück. Es ist in einigen Banken sogar so schlimm geworden, dass Berater nun Abmahnungen erhalten, wenn sie nicht die wöchentlichen oder monatlichen Ziele erreichen.«

»Das ist doch Psycho-Mobbing!«

»Du hast es erfasst, Maria. Ich kenne eine Kollegin aus einer anderen Bank, die fast davon aufgefressen wurde. Jetzt treffen sich alle Mitarbeiter dieser Filiale jeden Morgen auf dem Parkplatz der Bank, um dann geschlossen ihren Arbeitsplatz zu betreten. Sie halten ganz eng zusammen und demonstrieren auf diese Weise, dass sie es nicht zulassen werden, dass einer von ihnen gemobbt wird.«

»Das nenne ich mal echte Solidarität«, sagte Philipp. »Das sollten wir uns merken, wenn es auch bei uns immer unerträglicher wird.« Kurz nach unserem Ausflug erfuhren wir, dass ein Kollege aus einer anderen Filiale die ganze Situation nicht mehr ausgehalten hat. Er wählte den Tod, weil er mit dem Druck nicht mehr leben konnte.

»Als ich mit der Akquise angefangen habe, war ich auch vollkommen nervös«, erzählte nun Julia. »Nachts wachte ich um zwei, drei Uhr auf und war hellwach. Erst gegen fünf schlief ich wieder ein und war dann tagsüber in der Bank so gerädert, dass ich abends, wenn die Familie zusammensaß, sofort aufbrauste, wenn etwas nicht so lief, wie ich es wollte. Als ich mich eingearbeitet hatte, ging es besser, aber einmal im Jahr habe ich immer noch eine solche Phase, dann, wenn der Druck doch zu groß wird, wenn ich das Gefühl habe, dass man mich in eine bestimmte Schiene hineindrängen will, die ich nicht akzeptieren kann – und in dieser Phase stecke ich gerade wieder. Selbst wenn ich ins Bett gehe, denke ich an unsere Geschäftsstelle.«

Ich wusste, worauf Julia anspielte. Zu unseren üblichen Listen hatte die Bank unsere Kunden in A-, B- und C-Sparer unterteilt, so wie Ratingagenturen Wertpapiere einschätzen, bewerten und klassifizieren. Die A-Kunden waren in der Champions League, die B-Sparer konnte man mit der Bundesliga gleichsetzen, C war gerade noch Kreisliga. Die C-Kunden waren diejenigen, die früher als

Anleger glatt unter den Tisch gefallen wären, weil sie auf ihrem Konto höchstens einen Kapitalsatz von drei- bis viertausend Euro hatten. Mit anderen Worten: Bislang hatte man sie nie wegen einer Anlage angesprochen, nun hatte sie Mädler geschlossen ins Auge gefasst, um auch durch sie an mehr Umsatzrendite zu kommen. Von unserem Chef waren wir aufgefordert worden, systematisch die Kreisliga-Kunden anzurufen. Bei den Telefonaten mit den »Erstkunden« sollten wir uns als »Ihre neue Kundenberaterin« vorstellen, und damit man sich mal besser kennenlernt, würde man sie gern zu einem »Jahresgespräch« einladen. Natürlich sollte das Jahresgespräch darauf hinauslaufen, dass der Kunde irgendeinen Abschluss tätigt. Als Mädler uns diese Aktion präsentierte, fragte ich zum Schluss, was man zu machen hätte, wenn der Kunde sagt, nein, momentan könne er nicht sparen. Als Antwort erhielt ich von meinem Chef den Satz: »Dann sorgen Sie dafür, dass das Gespräch schnell zu Ende ist und der Kunde wieder heimgehen kann.« Klar, Kunden, an denen man nichts verdienen kann, waren ja unerwünscht. Das hatte ich beinahe vergessen.

Philipp hatte auch gleich verstanden, was Julia gerade umtrieb, denn er sagte: »Für mich ist das menschenverachtend, wenn man Bankkunden so einteilt.«

»Ja, es ist furchtbar«, stimmte ich zu. »Vor ein paar Tagen hatte ich einen Kunden, der bei der Schufa einen Eintrag hatte. Er wollte bei uns ein Konto eröffnen. Mädler bekam das mit, und da wir einen solchen Kunden ja nicht abweisen dürfen – jeder Mensch hat zum Glück einen gesetzlichen Anspruch auf ein Konto –, zischte er mir zu, dass ich diesem Mann eine Bedingung zu stellen hätte, im Sinne von: Wir eröffnen Ihnen bei uns ein Konto, aber Sie schließen auch einen Bausparvertrag ab. Das ist doch absurd. Man kann doch mit Sicherheit davon ausgehen, dass der Bausparvertrag irgendwann wieder aufgelöst werden muss, weil nichts mehr geht. Und dann hat der Kunde bei der Auflösung auch noch eine Menge Geld verloren. Das ist Irrsinn.«

Angesichts der schönen Landschaft mochte man sich gar nicht vorstellen, dass das Unternehmen, für das auch wir arbeiteten, auf solche eiskalten Tricks zurückgriff. Alles wirkte so friedlich. Ich stellte mir vor, wie Schnee die Bergkuppen neu einkleidete, wie eine dicke weiße Hülle, unter der alles geschützt war. Später sollte ich noch feststellen, dass Ulrich Haberkorn, ein anderer Berater der Bank, nur deshalb plötzlich so gute Zahlen bei den Bausparverträgen schrieb, weil er sich genau diese Schufa-Leute vorgenommen hatte. Als ich ihn auf die gesamte Problematik angesprochen hatte, sagte er nur, dass man unter Druck eben kreativ sein müsste.

»Und ich hatte letztens eine C-Kundin«, erzählte nun Julia, »die genau wie ich zwei Kinder hatte. Eine wunderbar lustige alleinerziehende Mutter. Wir haben uns bestimmt eine halbe Stunde unterhalten, und ich konnte dem Gespräch entnehmen, dass es ihr nicht möglich war, etwas zu sparen. Und da konnte ich ihr auf Teufel komm raus nicht weismachen, sie müsste unbedingt dieses oder jenes Produkt erstehen. Ich versuchte es nicht einmal, weil es einfach ein Schmarrn gewesen wäre. Alles sträubte sich in mir. Wenn man diese Frau dazu gezwungen hätte, sie darauf festgenagelt hätte, jeden Monat eine feste Summe zu sparen, sicherlich könnte sie ihren Kindern dann das eine oder andere nicht mehr bieten. Mit so etwas will ich nichts zu tun haben! Doch hätte Mädler davon Wind bekommen, er hätte mir den Kopf abgerissen. Aber was soll ich denn machen, wenn ich Kunden nicht einfach nur als Käufer, sondern auch als Menschen mit Bedürfnissen wahrnehmen möchte?«

Ich kam nicht mehr dazu, ihr zu antworten, denn wir waren an dem Gasthaus angelangt, wo die anderen schon auf uns warteten. Hoffentlich gab es keine Sitzordnung. Sofort hielt ich Ausschau nach Namenskärtchen, doch zum Glück konnte ich keine entdecken. Ich hätte nicht in der Nähe von Mädler & Co. sitzen wollen, wozu ich Manfred Deckstein und Michael Nieland zählte.

Auf den rot karierten Decken standen Körbe mit frischen Brezen, und als wir uns setzten, wurde auch bald der erste Gang serviert: eine Frittatensuppe, die wunderbar schmeckte. Als wir die aufgegessen hatten, erhob sich Mädler zu einer kleinen Ansprache, die uns wie üblich wenig zu motivieren vermochte, doch immerhin hielt er sich erfreulich kurz. Zum Schluss teilte er mit, dass man zwischen den einzelnen Gängen einen Spielewettbewerb veranstalten wolle. Wir sollten zwei Mannschaften bilden, und gleich würde es mit der ersten Runde losgehen. »Ihre erste Aufgabe wartet schon: Sie werden Kühe melken.«

Kühe melken? War das die angekündigte Überraschung? Ein irritiertes Schweigen senkte sich über den Tisch, doch dann standen Deckstein und Nieland auf und begaben sich in den Nebenraum, der eigentlich eine Scheune war, wie wir gleich feststellen konnten. Wir hörten auf einmal schallendes Gelächter, und schon erhoben wir uns alle und rannten zu den beiden. Ein erstaunlicher Anblick bot sich unseren Augen. Auf dem Boden lag Stroh, kleine Holztische standen herum, und sechs Kuhattrappen mit künstlichen Eutern waren aufgebaut, vor denen jeweils ein Melkschemel wartete.

»Na, nun zeigt mal, wer vom Land kommt«, tönte Mädler, der als Letzter den »Stall« betreten hatte.

Aus jeder der beiden Gruppen, die sich schnell gebildet hatten – wir waren nur achtzehn Leute –, mussten drei ran und ihre Geschicklichkeit an den Gummieutern unter Beweis stellen. Sie waren prall von der Milch, die man während unserer Vorspeise eingefüllt hatte. Aus unserem Team meldeten sich Julia und Philipp freiwillig, denn beide meinten, sie hätten schon viele Male gemolken. Ich winkte ab, da konnte ich nicht mithalten. Die dritte Person war eine Servicekraft.

Es war zu komisch, zu sehen, wie sich alle sechs Melker an den weichen Zitzen abmühten. Philipp war gar nicht schlecht, er entrang ihnen das eine oder andere Mal auch tatsächlich einen Strahl Milch, nicht nur ein kleines Tröpfchen. Nieland, der zusammen mit Manfred Deckstein und Clemens Glander für die gegnerische Mannschaft antrat, mühte und mühte sich ab, doch es passierte bei ihm überhaupt nichts. Menschen kannst du melken, dachte ich voller Schadenfreude, aber bei einer künstlichen Kuh versagen deine Künste. Umgekehrt wäre es mir natürlich lieber gewesen. Diese Spielrunde gewann unsere Gruppe, wir hatten es auf zweihundert Milliliter mehr gebracht als unsere »Feinde«.

Alle hatten schon allein vom Anfeuern erhitzte Gesichter, und aus Stolz über unseren ersten Sieg umarmte ich Philipp, der etwas erstaunt schaute, aber letztlich nichts dagegen hatte. Diejenigen, die sich unterwegs bei der Wanderung nähergekommen waren, hatten sich auf Strohballen etwas zurückgezogen und schienen miteinander zu flirten. Besonders der sonst so zurückhaltende Josef Hartmann, ein älterer Kollege und Berater, schien seine Schüchternheit vergessen zu haben. Angeregt unterhielt er sich mit einer Mitarbeiterin aus dem Callcenter. In seinen Anzügen hatte Hartmann immer ein wenig blass gewirkt, aber in Jeans, einem lockeren Pullover und zünftigen Schnürsstiefeln hatte er richtig Format. Manche Blume muss man einfach verpflanzen, damit sie zu blühen beginnt, das hatte mir Tante Cilli einmal erzählt, und genau an diesen Satz musste ich jetzt denken. Irgendwie schien sich in dieser entspannten Atmosphäre das zu erfüllen, was Mädler uns immer gepredigt hatte: »Mehr Kontakte – mehr Kontakte.« Nur erfüllte sich seine Forderung auf einer ganz anderen Ebene, noch dazu ohne große Anstrengungen und völlig ohne Druck, ohne dass man einen Menschen aufgrund von erwarteten Ausgabeaufschlägen zu etwas überreden musste. Ein Traum, der sich bei hohen Renditeerwartungen nie erfüllen kann.

Mädler hatte sich zum Glück keiner Mannschaft angeschlossen. Er wollte den Schiedsrichter abgeben und später die Siegerehrung moderieren. Er stand etwas verloren neben der schwangeren Sarah Brandl – wie eine Bethlehem-Idylle sah das nicht gerade aus. Seine Ausstrahlung, wenn es denn eine war, vielleicht könnte man es eher Machtaura nennen, hatte er nur, wenn er bei uns im Backoffice sein Unwesen treiben konnte wie der Leviathan, das Ungeheuer aus der jüdisch-christlichen Mythologie. Mitleid hatte ich nicht das geringste mit ihm, da er mich in der letzten Woche mal wieder ins Visier genommen hatte. Beim ersten Mal hatte er mich unmittelbar nach Betreten der Bank nach meinem Kundentermin gefragt. Er wusste, dass ich einen hatte, ich wusste es auch. Er war irgendwann am Nachmittag, die genaue Uhrzeit hatte ich jedoch nicht im Kopf.

»So geht es nicht weiter«, blaffte er mich an, als er mich in sein Büro beordert hatte. »Sie müssen Ihre Termine kennen.«

»Mir ist bewusst, dass ich heute Nachmittag ein Kundengespräch habe, das müsste doch reichen. Die genaue Uhrzeit kann ich Ihnen auch sagen, dann, wenn ich meinen Computer hochgefahren habe, aber dazu haben Sie mir noch keine Zeit gelassen.«

Nach außen hin versuchte ich ruhig zu bleiben, aber in

mir tobte es. Er wollte mich einfach aus dem Takt bringen, reine Willkür war das.

»Ja, wenn Sie erst um Viertel nach acht kommen, ist es kein Wunder, dass Ihr Computer noch nicht angeschaltet ist. Dann müssen Sie eben um Viertel vor acht erscheinen, dann hätten Sie jetzt Ihren Computer hochgefahren und könnten mir Auskunft geben.«

»Meine Arbeitszeit beginnt offiziell um Viertel nach acht, und ich werde keine halbe Stunde eher erscheinen, nur um dieses Gerät einzuschalten.« Ich war nun doch so aufgebracht, dass ich gar nicht erst eine Antwort von ihm abwartete, sondern mich umdrehte und sein Büro verließ. Ich zitterte am ganzen Leib und brauchte eine Stunde, bis ich mich wieder einigermaßen beruhigt hatte.

Während unserer morgendlichen Besprechung dachte ich nur eines: Das geht an die Substanz. Als ich an die Reihe kam, sagte ich nur, dass ich heute noch einen Termin hätte, einen Versicherungscheck. Selbst wenn ich inzwischen den Computer hochgefahren und nachgesehen hätte – dazu war aber keine Zeit mehr gewesen –, ich hätte ihm nicht die Genugtuung gegeben, die Uhrzeit hinzuzufügen. Mit seinem Kontrollwahn und seinen Machtspielen sollte er zur Hölle fahren.

Die Strafe für mein Verhalten folgte auf dem Fuß, doch dazu muss gesagt werden, dass nicht nur ich, sondern auch meine Beraterkollegen davon betroffen waren. Mädler hatte uns Broschüren mit einem neuen Finanzprodukt auf die Tische gelegt, ein Produkt, das ich nie für denkbar gehalten hätte. Mochte es mir vielleicht an Phantasie mangeln, in diesem Fall konnte ich stolz darauf sein. Nachdem ich mir alles genau durchgelesen hatte, ging ich zu Philipp ins Zimmer.

»Hast du das kapiert?«, fragte ich ihn.

»Es ist ein Ding der Unmöglichkeit«, antwortete er.

»So sehe ich das auch, wenn es stimmt, was ich von dem Produkt verstanden habe. Da soll ich den Kunden dazu überreden, die eine Hälfte des Geldes, das er anlegen will, als Festgeld anzulegen, was ja bedeutet, dass man dadurch mehr Zinsen bekommt als auf dem üblichen Sparbuch. Schön und gut, das kann ich noch nachvollziehen. Aber als Gegenleistung soll er die andere Hälfte in einen Fonds der Risikoklasse drei investieren, also in eine, die kaum als sicherste bezeichnet werden kann, oder habe ich da einen Denkfehler gemacht?«

»Nein, keineswegs, ich wusste doch, dass du eine Kluge bist.«

»Aber dann«, fuhr ich irritiert fort und versuchte nicht weiter über Philipps Bemerkung nachzudenken, »heißt das doch letzten Endes, dass ich Sicherheit nur bekomme, wenn ich gleichzeitig etwas riskiere. Das widerspricht doch jeglicher Logik. Ein solches Produkt ist ohne Sinn – und das bei einer seriösen Bank? Das kann doch keine Zukunft haben.«

»Da bin ich mir nicht so sicher, schon deshalb nicht, weil wir als Berater ganz bestimmt nicht die Risikoklasse in den Vordergrund stellen dürfen. Und so ein Doppelpack klingt doch mal nach was Neuem, ganz attraktiv, so soll doch die Kundenansprache erfolgen, richtet man sich nach der Broschüre.«

»Sicherheit durch Risiko«, ich murmelte die drei Worte immer wieder vor mich hin, das war nicht zu toppen. Laut sagte ich zu Philipp: »Das verkaufe ich nicht, die Broschüre verstecke ich in der untersten Schublade meines Schreibtischs.« Daran habe ich mich bis zu meinem Weggang von der Bank auch gehalten.

Nein, um Mädler musste ich mir keine Gedanken machen. Er machte sich nur viel zu viele um uns.

Nach dem Hauptgang – bayerische Ente mit Blaukraut und Knödeln – wurde Fingerhakeln gespielt: Für diesen Kampfsport standen die Tische in der »Erlebnisscheune« bereit. Diesmal gewann die Gegenmannschaft, aber ich konnte dem Treiben nicht so viel Spaß abgewinnen, denn als ich sah, wie meine Kollegen versuchten, sich über den Tisch zu ziehen, konnte ich mich von der tieferen Symbolik nicht befreien. Hier ging es doch darum, den anderen mehr oder weniger trickreich zu besiegen, auszuspielen. Mochte das auch ein Volkssport sein, für mich war es plötzlich zum Sinnbild für die Finanzwelt geworden. Nichts anderes tat ich jeden Tag oder sollte ich besser gesagt tun: einen Kunden mit unfairen Mitteln über meinen Schreibtisch ziehen.

»Ist was?«, fragte Philipp. »Du bist auf einmal kreidebleich. Hast du einen Knödel zu viel gegessen?«

Ich schüttelte den Kopf. »Alles in Ordnung, ich muss nur mal kurz raus, um Luft zu holen.« Ich wollte kein Spaßverderber sein, und es gab genügend Momente, in denen ich mit meinem Kollegen über Probleme sprechen konnte. Nicht jetzt.

Draußen atmete ich tief die mittlerweile kühl gewordene Luft ein. Es war längst dunkel geworden, irgendwo hörte ich in der Nacht einen Kauz schreien. Der Vogelruf tröstete mich, er schien aus einer Welt zu kommen, die mehr der meinen entsprach. Als ich begann zu frieren, ging ich wieder hinein. Ich fühlte mich nun stark genug, auch den Rest des Abends durchzustehen.

Unsere Gruppe mit Julia und Philipp gewann den Spielewettbewerb, nachdem wir noch den besten Witz vorgetragen hatten: »Ein Millionär am Bankschalter: ›Sie haben sich gestern bei der Auszahlung um 10 000 Euro geirrt.‹ – ›Das kann ja jeder behaupten!‹, antwortet freundlich der Bankangestellte: ›Sie hätten das sofort beanstanden müssen. Jetzt ist es zu spät!‹ – ›Schon gut, dann behalte ich das Geld eben …‹« Kein Kommentar! Das andere Team hatte auch nichts Besseres auf Lager, es wurde eben zu selten bei uns gelacht.

Mädler überreichte uns einen Gutschein für einen gemeinsamen Kinoabend. Bestimmt hätte er es lieber gesehen, wenn die Gruppe mit Nieland den Sieg davongetragen hätte. Aber manchmal gewannen auch wir Harmlosen gegen die, die keine Skrupel kannten. Es schien, dass Banken nur diese zwei Typen hervorbringen konnten, dazwischen gab es nichts.

Nach Neustadt brachte uns ein Bus zurück, kurz nach Mitternacht kamen wir dort an. Ich saß neben Philipp, wir flirteten heftig. Eigentlich wollte ich nächstes Wochenende Maximilian am Ammersee besuchen …

12
»Nach Golde drängt, am Golde hängt doch alles! Ach wir Armen!«

Lange Zeit klappte es nicht. Immer wieder hatten Vera Leitmeier und ich versucht, uns zu treffen. Aber entweder war ihre Tochter krank oder es gab unterschiedliche Ferienpläne. Inzwischen war es Spätherbst geworden, die farbigen Blätter knüpften die schönsten Teppiche auf den Wegen, gestört nur von Krähen, die auf ihnen herumhüpften und sich mit ihrem lauten Krächzen in den Vordergrund drängten. Die kleinen Flüsse in unserer Umgebung, die sich sanft durch Wiesen zogen, bekamen einen silbrigen Schimmer, als wollten sie damit andeuten, dass bald der erste Schnee fallen würde.

Endlich hatten wir einen Termin gefunden. An einem Samstagnachmittag sollte ich sie besuchen, am Telefon sagte sie: »Mann und Tochter sind dann bei einer Sportveranstaltung, da haben wir Ruhe.« Vera wohnte eine gute halbe Stunde von Altdorf entfernt, in einem hübschen alten Steinhaus, das ich schnell gefunden hatte. Im Vorgarten leuchteten noch dichte Asternbüsche, die meisten in einem dunklen, intensiven Violett, einige behaupteten sich dagegen in einem zarteren Altrosa. Ein eisiger Wind fegte mir ins Gesicht, als hätte er gerade Spaß daran, Ohrfeigen zu verteilen.

»Komm rein, drinnen ist es gemütlicher!« Vera stand vor der dunkelgrün gestrichenen Tür, die wie ein passender Rahmen für ihre kastanienbraunen Locken schien. Sie trug

Jeans und einen sandfarbenen Grobstrickpullover mit einem weiten Rollkragen. »Am besten, wir setzen uns in die Küche, da ist es schön warm. Ich habe Dampfnudeln gemacht, die können wir gleich essen. Mit selbst gemachter Zwetschgen-Holunder-Marmelade, alles aus dem eigenen Garten.« Vera wies auf eine Fensterfront, durch die man in der Luft herumwirbelnde Blätter erkennen konnte.

»Nimm die Holzbank am Kachelofen, da kannst du dich mit dem Rücken anlehnen und wunderbar die ausstrahlende Wärme spüren.«

Das ließ ich mir nicht zweimal sagen, im nächsten Moment saß ich auf dem zugewiesenen Platz. Die kalten Hände konnte man in die kreisförmigen grünen Einbuchtungen legen. Wahrscheinlich hatte sich der Baumeister des Ofens das nicht so vorgestellt, sondern an eine optimale Wärmenutzung gedacht, aber ich fand diesen Nebeneffekt genial.

Vera angelte mit dem Holzlöffel eine Dampfnudel aus der viereckigen Kasserolle, legte sie auf einen Teller und reichte ihn mir. Danach füllte sie sich ebenfalls eine Portion auf und schenkte zum Schluss Tee in dicken Steingutbechern ein.

»Das ist Kräutertee«, erklärte sie. »Er beruhigt meinen nervösen Magen.«

»Bereitet dir etwa die Bank Magenschmerzen?«, fragte ich, während ich die Mehlspeise wie ein Brötchen aufschnitt und die beiden Hälften mit Butter und der schwer nach Holunder duftenden Marmelade bestrich.

»Ja, es ist grässlich. Ich kann einfach nicht mehr abschalten, selbst wenn ich schon länger zu Hause bin. Nachts kann ich nicht gut schlafen, habe Alpträume und bin froh über jeden Tag, an dem ich nicht zur Arbeit muss. Sogar die Ferien konnte ich überhaupt nicht richtig genießen. Am letzten Wochenende war ich ein richtiges Nervenbündel, ständig musste ich daran denken, dass es am Montag wieder losgeht. Früher, als ich gerade mit dem Job angefangen hatte und wir noch einen Chef hatten, der einfach viel menschlicher war, kannte ich das nicht. Da hätte ich freiwillig Überstunden gemacht, so viel Spaß machte mir meine Arbeit. Diese humanen Chefs scheint es aber nicht mehr zu geben. Dabei ist man doch unter einem Vorgesetzten, der die Fähigkeit besitzt, den Druck wegzunehmen, viel leistungsfähiger.« Vera trank einen Schluck Tee, während sie über den Tassenrand nachdenklich zum Ofen blickte, als würde er ihren Kummer lösen können.

»Das sind ziemlich eindeutige Warnsignale, was du mir da erzählst«, sagte ich.

»Wieder und wieder bin ich zum Filialleiter und seinem Stellvertreter gegangen, schilderte ihnen meine Probleme mit der Beratung und fragte die beiden Herren, ob ich denn nicht wenigstens zur Hälfte im Service tätig sein könnte. Nein, gab man mir zur Antwort, ich müsse die Komplettberatung machen. Sollte ich mich weigern, dies zu tun, würde man mir die Tarifgruppe 5 streichen. Daraufhin suchte ich unsere Personalchefin auf. Sie meinte nur, das könne man nicht bei mir machen, jedem Angestellten stünde nach elf Berufsjahren automatisch laut Tabelle die Tarifgruppe 5 zu. Und ich bin schon seit fünfzehn Jahren bei dieser Bank. Das ist doch perfide, den Mitarbeitern auf eine solche Weise Angst zu machen. Hätte ich mich nicht erkundigt, hätte ich denen womöglich noch geglaubt.«

»Und was hast du gemacht, als du das erfahren hast?«

»Mit meinem launischen Chef wollte ich nicht mehr sprechen. Ich wusste, wenn ich ihm das ins Gesicht sage, werde ich hinter meinem Rücken doch nur ausgelacht. Oder er ist angesäuert, denn Widerspruch beleidigt ja bekanntermaßen. Das wird nicht gern geduldet. Ich weiß, dass ich bislang auf meine Kollegen zählte konnte. Wenn ich ins Schwimmen geriet, haben sie mir immer den Rücken frei gehalten. Aber in diesem Fall muss ich meinen Weg allein gehen. Letztes Wochenende war ich dann so geladen, dass ich mich hinsetzte, hier an diesem Tisch, und das Ganze aufschrieb. Das war besser, als ständig gegen eine Wand zu argumentieren. Auf dem Papier konnte ich alles ganz in Ruhe schildern, denn bei meinen Chefs habe ich nie das Gefühl, dass sie mir richtig zuhören, geschweige denn ernst nehmen.«

In dem Ofen hinter mir knackte es mächtig, Holzscheite waren in sich zusammengebrochen – eine passende Untermalung von Veras Worten. Ich dachte daran, wie sinnlos doch eigentlich diese Quälereien waren. Es ging nur noch darum, den Profit der Bank zu steigern, alles andere zählte nicht mehr. Auf der Fahrt zu Vera hatte ich unter einem Kastanienbaum dick vermummte Kinder gesehen, die die letzten heruntergefallenen Früchte einsammelten. Ich hatte mir vorgestellt, dass sie Kastanien mit nach Hause nahmen, daraus Ketten machen oder Streichhölzer in sie hineinbohren, um kleine Figuren und Tiere daraus zu basteln. Meine Geschwister und ich hatten das jedenfalls getan. Ich sah ihre freudigen Gesichter, die roten Wangen, wenn die Kette mit den schweren Früchten zum ersten Mal umgelegt wurde, der Kastanienhund mit seinen Streichholzbeinen nicht mehr umfiel, und sein Kopf endlich am Leib befestigt war. Diese Kinder waren ungefähr so alt wie die, die ich während der Bibeltage begleite. Ihnen sollte ich vielleicht später einmal weismachen, dass sie unbedingt einen Bausparvertrag abschließen müssen?

Es war gut möglich, dass sie eines Tages in die Bank kommen würden. »Guten Tag, Frau Eder, wissen Sie noch, wie Sie uns die biblische Geschichte vom Tanz ums Goldene Kalb erzählt haben? Da kam Moses vom Berg Sinai mit den Zehn Geboten, die Gott ihm gerade überreicht hatte, und zerschlug das Goldene Kalb, das vorher aus den Ohrringen der Frauen gegossen worden war. Dieses Götzenbildnis, so sagten Sie uns damals, hätte für die Verehrung von Macht und Reichtum gestanden. Und jetzt geht es auch wieder nur um Macht und Reichtum, und Sie, Frau Eder, Sie sind jetzt Teil dieser Götzenverehrung geworden.« Bei dieser Vorstellung lief mir ein Schauer über den Rücken, trotz meiner wärmenden Stütze. Aber es stimmte. Vor kurzem hatte ich im Theater Goethes *Faust I* gesehen, und da rief Gretchen etwas, das mir sofort zu Herzen ging: »Nach Golde drängt, am Golde hängt doch alles! Ach wir Armen!«

Fast nichts in dieser Welt läuft ohne Geld, dachte ich weiter. Dann blickte ich zu Vera. Sie hing genau wie ich ihren eigenen Gedanken nach, erinnerte sich wahrscheinlich an das letzte Wochenende, an dem sie sich endlich hingesetzt hatte, um ihren Unwillen über das inhumane Verhalten in ihrer Bank zu Papier zu bringen. In den vergangenen Monaten war mir verstärkt aufgefallen, wie intensiv die Menschen sich mit dem Thema Geld beschäftigen. Viel Zeit wird damit zugebracht, dass wir uns Fragen stellen wie: Wo kaufe ich am günstigsten ein? Warum verdient mein Bruder mehr als ich? Wann kann ich mir ein neues Auto kaufen? Sind die Benzinpreise wieder gestiegen? Und die entscheidende Frage in meinem Bereich lautete: Wie lege ich mein Geld am besten an?

Die Banken buhlten geradezu um das Ersparte der Kunden, um ihnen eine risikolose Zukunft zu versprechen, die es aber nie geben kann. Wir Berater sprachen von einer Absicherung der Kinder, damit sie eine gute Ausbildung erhalten können, von einer Lebensstandardsicherung im Alter, von einem eigenen Heim, um unabhängig von Mietsteigerungen zu sein. Dazu halten wir die maßgeschneiderten Produkte in der Hand, die Lebensversicherung, die Riester-Rente, Bausparverträge, Aktienpakete.

»Möchtest du noch eine Dampfnudel?« Vera holte mich aus meiner Gedankenwelt zurück.

»Ja, gern, die sind wirklich klasse«, antwortete ich. »Aber was ich gern wissen würde: Was hast du mit deinen Aufzeichnungen gemacht? Sie deinen Chefs gegeben?«

»Nein, das konnte ich bislang nicht, dazu fehlte mir der Mut. Es liegt als Mahnung auf meinem Nachttisch. Wahrscheinlich brauche ich noch einige Zeit, bis ich mir meiner Sache ganz sicher bin.«

»Was schätzt du, wie alles weitergehen wird, auch mit diesen Zertifikaten.«

»Durch sie müssen mehr und mehr Provisionen herausgeholt werden. Ich bin auch der Meinung, dass momentan deswegen die normalen Zinsen so niedrig gehalten werden. Sie sind so weit unten, damit die Leute mehr riskieren, damit sie das Gefühl haben, wenn sie auf diese Papiere setzen, können sie mehr Gewinn für sich herausholen. Wir müssen doch immer sagen: ›Auf Ihrem Konto bekommen Sie so wenig Zinsen, da sollten Sie überlegen …‹« Ich nickte. »Das ist alles genau kalkuliert«, fuhr Vera fort. »Aber was mich dabei besonders fertig macht, ist, dass alles unter dem Deckmantel der Kundenfreundlichkeit geschieht. ›Der Kunde ist uns das Wertvollste‹, so heißt es doch immer, und in Wirklichkeit geht es nur darum, aus ihm das meiste herauszuholen.«

»Das macht dich nicht allein fertig. Eigentlich darf man gar nicht zu genau darüber nachdenken, eigentlich muss man bei bestimmten Themen abstumpfen und seine Anforderungen einfach nur durchziehen …« Aber welche Menschen konnten das? Vera gehörte nicht dazu, Maximilian und Philipp auf Dauer bestimmt auch nicht. Julia? Da hatte ich auch meine Bedenken. Dafür waren uns andere

Dinge im Leben viel zu wichtig, Dinge, mit denen wir aufgewachsen waren, wie Freundschaft, Familie – und das Sparschwein, das geschlachtet werden konnte, wenn nichts mehr hineinging, um sich einen Wunsch zu erfüllen.

Aber dieses Sparschwein war wie ein gutes Bioschwein: Es wurde nicht künstlich aufgebläht und gemästet, nicht mit Antibiotika vollgestopft, damit es bis zur Schlachtung überhaupt durchhielt, die sowieso nach kürzester Zeit zu erfolgen hatte. Die strukturierten Papiere kamen mir vor wie Tiere aus Massenhaltung: Man jonglierte auf einem dünnen Seil herum, um zu verhindern, dass keine mit der Schweinepest vergleichbare Geldpest ausbrach. Als 2008 die Finanzmärkte zusammenbrachen, musste ich daran denken, dass gut zehn Jahre zuvor in den Niederlanden zwölf Millionen Schweine geschlachtet wurden, weil dort diese Seuche wütete.

»Immer geht es darum, irgendetwas in die Welt zu setzen, was den Sparer noch mehr locken soll. Bei uns haben sie jetzt ein Produkt eingeführt, das auch von der Lottogesellschaft kommen könnte. Wenn die Leute an den Schalter kommen, um einen Sparbuchnachtrag zu machen, sollen wir ihnen wie nebenbei von unserem Gewinnsparer erzählen, mit dem dir sicher bekannten Vorgehen: ›Ich sehe, Sie sparen monatlich. Haben Sie nicht Interesse an einem doppelten Zinssatz?‹ Natürlich darf man nicht den genauen Zinssatz sagen, sondern ›das Doppelte‹. Das hört sich dann schon wieder ganz anders an, nach viel mehr. Nach der Möglichkeit, sich gleich einmal eine Reise leisten zu können, obwohl es vielleicht gerade nur ein Prozent ausmacht, vielleicht auch eineinhalb. Bei einer hohen Summe ist das viel, aber bei einer monatlichen Sparsumme von 100 Euro nicht gerade die Welt.«

»Der Gewinnsparer ist aber nicht der Ansparplan?« Beim Ansparplan sollten die Kunden ihr Geld ja länger liegen lassen, damit die Bank damit arbeiten konnte. Kaum ein Ansparer, diese Erfahrung hatten wir gemacht, würde sein Geld vorher abholen, da gab es eine imaginäre Grenze. Bei Sparbüchern konnte man beliebig etwas abheben oder einzahlen, ein Ansparbuch musste man komplett kündigen.

»Nicht damit zu vergleichen. Beim Gewinnsparer geht es darum, eine bestimmte Summe im Jahr fest zu sparen, und dafür hast du das Anrecht, dir am Jahresende ein Los zu kaufen, mit dem du, wenn du Glück hast, 20 000 Euro, ein Auto oder eine Reise gewinnen kannst.«

Ich musste an Philipp denken, der unsere Versicherungen wie in einem Wettbüro hatte anpreisen müssen. »Es werden jetzt schon Lose in einer Bank angeboten?«

»Richtig gehört. Wie bei der Fernsehlotterie ›Ein Platz an der Sonne‹. Den du dir dann, falls du den Hauptgewinn einstecken kannst, auch leisten kannst. Das Los kostet fünf Euro, vier Euro erhält man wieder, wenn man das Gewinnsparen durchgehalten hat, ein Euro wird für einen gemeinnützigen Zweck verwendet. So schön man sich das alles ausgemalt hat, die meisten Kunden, die ich daraufhin angesprochen habe, wollen solche künstlich konstruierten Bankprodukte überhaupt nicht. Die wollen nett bedient werden, wollen, dass man ihnen bei einer Überweisung behilflich ist. Aber das wird von unseren Chefs gar nicht gern gesehen, denn damit würden wir ihrer Meinung nach den ganzen Laden aufhalten. Die Leute sollen so schnell wie möglich vom Schalter weg, die Überweisungen sollen sie zu Hause ausfüllen und dann in den dafür vorgesehenen Kasten werfen. Mit einer Überweisung halten sie uns Berater ja von der Arbeit ab, die nur darin bestehen soll, die Sparer zum Anlegen zu verführen.«

»Das ist ja noch brutaler als bei uns in der Bank.« Kein Wunder, dass Vera nachts nicht mehr gut schlafen konnte.

»Der Service am Kunden geht wirklich den Bach runter, wenigstens bei uns. Du kennst ja auch die Situation, dass ein Kunde eine größere Summe abheben will. Früher konnten wir mit ihm in einen Extraraum gehen, so dass er dort in Ruhe sein Geld nachzählen konnte. Wenn nun jemand kommt, der sagt, er würde nicht gern einen hohen Betrag am Geldautomaten abheben, man wüsste nie, ob die richtig zählen würden – könne er nicht stattdessen das Geld von einem Bankmitarbeiter ausgehändigt bekommen? Weißt du, was wir dann sagen müssen?« Vera wartete erst gar nicht meine Antwort ab, sondern fuhr gleich fort, und dabei schnaubte sie vor Wut: »›Die Geldautomaten zählen immer richtig. Sie können die herauskommenden Scheine so nehmen, wie sie sind, Sie müssen nicht nachzählen, es ist stets alles in Ordnung.‹ Natürlich sage ich das nie, wenn ich allein mit dem Kunden bin. Aber wenn einer der Chefs hinter mir steht, habe ich keine Wahl. Sonst halten sie mir vor: ›Frau Leitmeier, Sie müssen es schaffen, den Kunden dahin zu bringen, dass er sich so wenig wie möglich am Schalter aufhält, nur so können Sie Ihre Akquise ausweiten.‹«

»Aber im Grunde beißt sich das doch. Auf der einen Seite sollst du die Kunden vom Schalter wegbringen, auf der anderen Seite sollst du sie heranholen.«

»Ja, das ist der Wahnsinn. Ich habe schon von einer Filiale von uns gehört, bei der die Kunden ihr Geld nur noch außerhalb der Geschäftszeiten abheben, also in der Mittagspause, oder abends beziehungsweise ganz früh, nur um nicht angesprochen zu werden. Da sollen die Methoden der Direktansprache, des Anwerbens, wie unser Coach Herr Huber so schön gesagt hat, derart rabiat sein, dass die Kunden zu solch verzweifelten Gegenmaßnahmen greifen müssen. Wenn das die zukünftige Entwicklung sein soll … da will ich lieber nicht drüber nachdenken.«

Ich zog meinen Pullover aus. Durch den Ofen und Veras Ausführungen war ich ins Schwitzen gekommen. Draußen war es schon stockfinster. Ich hatte nicht einmal bemerkt, wie schnell es dunkel geworden war. Normalerweise mag ich die wattige Schwärze in der spätherbstlichen Jahreszeit, eine Ankündigung auf die Lichter des Advent, aber an diesem Tag hatte sie etwas Bedrohliches.

»Jede Bank entwickelt wohl so ihre eigenen Strategien, um dem allgemeinem wirtschaftlichen Druck standzuhalten«, sagte ich in unser kurzes Schweigen hinein. »Wobei mir das alles sehr ungeplant scheint. Bei uns ist gerade das Umschichten angesagt. Wird ein neuer Fonds aufgelegt, heißt es, dass wir die Kunden, die in Frage kommen, sofort informieren müssen. Sie sollen dann ihre alten Wertpapiere, die vielleicht nicht so gut laufen oder scheinbar weniger Zinsen abwerfen, in diese neuen Produkte umgruppieren. Dabei geht es einfach nur darum, dass irgendetwas passiert. Bei manchen Kunden wird alle zwei Monate umgeschichtet. Ich finde das furchtbar.«

»Und die Bank reibt sich die Hände, weil sie durch das viele Umschichten wieder und wieder die Abschlussgebühren kassiert. Erinnerst du dich noch daran, wie der Huber uns beibringen wollte, dass man die Abschlussgebühren beim Bausparvertrag kleinzureden hätte?« Ich nickte abermals. »Unser hauseigener Experte hat nun die Anordnung ausgegeben, dass man sie überhaupt nicht mehr erwähnen soll. Die kritischeren Kunden haben nämlich mal nachgerechnet und dabei festgestellt, dass sie, würden sie einen Bausparvertrag anlegen, erst einmal im Minus sein würden. Und aus diesem Grund sollen wir das verheimlichen, bewusst verheimlichen. Was man eigentlich nicht darf. Es ist schon eine ganze Menge, was man uns da zumutet. Mit solchen rhetorischen Finessen …«

»Es sind Lügen«, unterbrach ich Vera.

»Stimmt, es sind Lügen. Ich bin von meinen Eltern anders erzogen worden, nicht so, dass ich Menschen etwas verschweigen, etwas unterschlagen soll. Seit Ewigkeiten bin ich nicht mehr zur Messe gegangen, aber immer häufiger ertappe ich mich dabei, dass ich mit dem Gedanken spiele, wieder einmal hinzugehen. Irgendwie kann man das alles nicht allein ertragen.«

»Dein Mann, kann er dich denn unterstützen?«, fragte ich.

»Er sieht das Problem, aber da er ein großartiger Verdränger ist, meint er nur, ich solle diesen Dingen nicht zu viel Raum in meinem Leben geben. Aber ich kann da nicht so einfach meine Augen und Ohren verschließen. Immer muss ich daran denken, was das auch für meine Tochter bedeutet. Wenn die jetzt wegen irgendeiner Sache herumflunkert, kann ich nicht einfach sagen: ›Hör mal, hab ich dir nicht beigebracht, dass man so etwas nicht tun soll?‹ Ich bin ihr da überhaupt kein Vorbild mehr. Wenn es als selbstverständlich vorausgesetzt wird, dass wir unsere Mitmenschen so behandeln, sie also regelrecht betrügen, dann greift das doch weiter um sich, das macht doch etwas mit den Menschen. Aber was soll man diesem ganzen System entgegensetzen?«

Bevor wir darüber nachdenken konnten, stürmten Veras Tochter und Mann ins Zimmer, im Schlepptau einen Schwall von Kälte.

»Wir haben gewonnen«, ruft der Teenager aus. »2:1. Wir sind einfach die besseren Fußballspielerinnen!«

Hatte uns Martin Huber nicht gesagt, wir sollten mit unseren sportbegeisterten Kunden über Fußballergebnisse reden? Ich atmete tief ein, es war fast unmöglich, nicht immer wieder an die Bank erinnert zu werden, sie einfach mal vollkommen zu vergessen. Eigentlich wollte ich von Vera noch erfahren, ob die Gewerkschaft Handel, Banken und Versicherungen (HBV) – unter den zwölf Mitgliedsgewerkschaften des DGB nimmt sie hinsichtlich der Mitgliederzahl immerhin den fünften Platz ein – eine ähnlich problematische Sichtweise auf diese Situation hätte. Ich selbst war zwar kein Gewerkschaftsmitglied, aber das konnte sich noch ändern. Und ich konnte mich ja auch einmal mit einem Betriebsrat unserer Bank unterhalten, fiel mir in diesem Moment ein.

Vera und ihr Mann sollten den Sonnabend aber auf angenehmere Weise verbringen, als wieder einmal Probleme zu wälzen. Ich konnte mir vorstellen, dass die beiden schon so manche Stunde damit zugebracht hatten, über Veras Schwierigkeiten zu reden. Überflüssige Stunden, in denen sie besser gelacht hätten.

Ich zog meinen Pullover wieder an und erhob mich schweren Herzens von der Ofenbank.

»Willst du nicht noch mit uns zu Abend essen? Wir werden einen wunderbaren Eintopf aufwärmen, passend zum Wetter«, sagte Veras Mann.

»Ja, bleib doch«, meinte auch die Tochter. »Dann kann ich dir mehr vom Spiel erzählen.«

Aber da Vera müde aussah, schüttelte ich den Kopf. »Ich habe noch eine Verabredung.« Auch das war eine Lüge, für die ich mich sofort schämte. Solche Lügen kommen mir mittlerweile viel zu leicht über die Lippen, dachte ich. Ich hätte auch die Wahrheit sagen können, dass Vera erschöpft wirke und ich Angst hätte, nicht den inneren Hebel auf »gute Wochenendlaune« umschalten zu können.

Draußen war es um einige Grade kälter geworden. Bald würde der erste Schnee fallen. Als ich den Kastanienbaum mit meinen Scheinwerfern anleuchtete, sammelte niemand mehr seine Früchte auf. Er kam mir vor wie ein Mahnmal aus meiner Kindheit.

13
Auf der Galeere im alten Rom war es schöner

»Was auch immer Sie mir erzählen, Sie können mich nicht an der Nase herumführen!«

Es war klar, dass Thomas Mädler eines Tages unser Vorgehen durchschauen würde, so dumm war er nicht. Außerdem musste er über seine Geschäftsstelle Rechenschaft ablegen, und ein Typ wie er nahm nicht etwa seine Mitarbeiter in Schutz, sondern verlangte von ihnen Höchstleistungen.

»Aber ich arbeite doch noch so viel im Servicebereich«, versuchte ich mich zu verteidigen. Ich betrachtete meinen Chef, dem jedes Lebensjahr gnadenlos ins Gesicht geschrieben stand. Manche Menschen bekamen mit dem Älterwerden Tiefe, manche gingen in die Breite, manche verschwanden zusehends – bei ihm hätte man von alldem nicht sprechen können. Er war nichts anderes als ein ärgerlicher Skandal.

»Der Servicebereich ist mir egal«, wehrte er mit abfälliger Miene ab. »Und wenn dort Land unter ist, das interessiert mich nicht. Es geht mir um Termine, Ziele und Zahlen. Das dürfte selbst Ihnen inzwischen nicht entgangen sein.«

»Aber es ist doch wichtig, dass die Kunden freundlich bedient werden, das macht doch eine gute Bank erst aus.«

»Wenn es Ihnen so wichtig ist, dann will ich Sie auch nicht davon abhalten. Dennoch brauchen Sie Ihre Termine, und zwar dringender denn je – die Ergebnisse Ihres letzten Quartals sind miserabel!«

»Wie soll ich die denn machen, wenn ich vorne gebraucht werde und meine Kollegen schwimmen, weil die Schlange der Kunden so lang ist?«

»Sie sind Beraterin, haben Sie das vergessen? Und wenn Sie so viel Wert darauf legen, den Servicemitarbeitern unter die Arme greifen zu wollen, dann könnten Sie ja Ihre Arbeitszeiten ausdehnen, bis Sie wieder mit Ihren Provisionen im grünen Bereich sind. Und wenn Sie bis acht Uhr abends hier sitzen oder morgens zwei Stunden früher kommen, ich will, dass Sie Ihre Zielvorgaben erfüllen.«

Ohne zu wissen, woher es kam, fiel mir ein Wort ein, das ich in der Schule gelernt hatte, als es um die ehemalige DDR ging: »Plansoll«. Da wurde man belobigt und erhielt einen Leninorden oder eine sonstige Anstecknadel, wenn die Ziele der Planwirtschaft übererfüllt waren. Aber welchen Schikanen wurden diese Arbeiter wohl ausgesetzt, wenn sie unter dem Plansoll lagen? Mussten sie dann auch länger arbeiten? Sosehr ich auch in meinem Kopf grub, ich konnte mich nicht erinnern, dass ich davon etwas gehört hatte.

Aber ich war nicht die einzige Person, die zu diesem Zeitpunkt unter Mädlers Beobachtung stand. Josef Hartmann war ein langjähriger Mitarbeiter, ein unscheinbarer Mann um die fünfzig mit schütter werdendem Haar, der sich lieber mit der Übertragung von Konten als mit Beratung beschäftigte, obwohl man auch ihn mehr und mehr vom Service wegbringen wollte. Er verhielt sich immer sehr ruhig, ging auch so gut wie nie mit einem von uns in der Mittagspause zum Essen, so dass er im Grunde nicht weiter auffiel – erst als er auf unserem Betriebsausflug mit der Mitarbeiterin aus dem Callcenter nähere Bekanntschaft schloss.

Um sein Potenzial als Profiteintreiber zu steigern, engagierte man für ihn persönlich einen Coach, der in die Bank kam, um einen vollendeten Berater aus ihm zu formen. Stundenlang saßen die beiden in einem Büro, und am Ende ging es darum, dass Hartmann für einen imaginären Kunden ein passendes Produkt für 250 Euro im Monat herausfinden sollte. Dazu hatte er eine Stunde Zeit, um sich am PC unter den vorhandenen Alternativen kundig zu machen.

Wir Kollegen wussten am Tag der »Prüfung« noch nicht, was von Josef Hartmann gefordert wurde, er erzählte uns das erst am nächsten Tag. Uns erstaunte zunächst, dass er uns überhaupt von dieser Situation berichtete, da er ja sonst immer sehr für sich blieb. Dieses Erlebnis muss ihm wohl auf der Zunge gelegen haben.

Er gab zu, dass es ihm nicht gelungen war, die gestellten Bedingungen zu erfüllen: Statt eine Versicherung oder einen Fonds für 250 Euro anzubieten, fand er einzig eine Anleihe für 350 Euro. Wir hatten nur gehört, wie Mädler später im Flur »grottenschlecht« zu unserem Marktbereichsleiter sagte. Der war zufällig an diesem Tag in unserer Bank aufgetaucht, wahrscheinlich um unseren Chef mit den neuesten Direktiven des Vorstands vertraut zu machen.

»Und hat dies Konsequenzen für Sie?«, fragten wir Hartmann, nachdem er sein Fiasko gebeichtet hatte.

»Man sagte mir in einem Abschlussgespräch, dass ich in der Bank bleiben darf, aber unter der Bedingung, nur noch im Servicebereich eingesetzt zu werden.«

»Aber das ist doch das, was Sie sowieso lieber tun würden, oder?«, fragte ich.

»Das schon, aber man hat mich zugleich finanziell heruntergestuft, obwohl ich schon so viele Jahre bei dieser Bank bin.« Josef Hartmann sprach traurig und leise. Wir anderen schwiegen. Wir waren betroffen darüber, wie man langjährige Mitarbeiter ohne Skrupel degradierte, wenn sie dem »System Bank« nicht in der erwünschten Weise dienten. Das wäre vielleicht alles verständlich gewesen, wenn unser Arbeitgeber ums finanzielle Überleben kämpfen müsste. Aber davon konnte keine Rede sein. Niemand hatte davon gehört, dass es schlecht um unser Unternehmen stand, und durch die Presse war hinreichend bekannt, dass die Bonuszahlungen in den oberen Etagen der Banken nicht den Eindruck erweckten, dass gespart werden musste. Es ging allein um eine Strafmaßnahme, die auch zur Abschreckung für die Kollegen diente.

Julia sagte in die Stille hinein: »Es gibt Menschen, die die Angewohnheit haben, nicht das zu sagen, was in dem gegebenen Augenblick von Vorteil ist, sondern das, was sie für die Wahrheit halten. Zu diesen Menschen gehöre ich leider nicht, diesen Mut habe ich nicht. Sonst würde ich zu Mädler gehen und ihm sagen, was ich von dieser Bosheit halte.« Ich musste an Vera denken, an den Brief, in dem sie sich alles von der Seele geschrieben hatte, der aber wohl noch immer auf ihrem Nachttisch lag. Würde sie ihn eines Tages dem Adressaten übergeben?

Die Geschichte von Josef Hartmann nahm noch ein unseliges Ende. Kurz nach seiner Degradierung wurde auf den nun frei gewordenen Posten als Privatkundenberater ein Zweiundzwanzigjähriger gesetzt. Es war der Sohn des Marketingleiters. Gerade hatte er ausgelernt, ein Schnösel wie aus dem Bilderbuch. Man konnte sich lebhaft vorstellen, wie er schon in wenigen Jahren arrogant, selbstherrlich und moralisch korrumpiert in die Finanzwelt eingetaucht sein würde. War das nun Zufall oder ein abgekartetes Spiel gewesen? Letzteres wollten wir eigentlich nicht glauben, aber seltsam war es doch. Fast schien es, dass der Ältere bewusst abgesägt worden war, um einem Jüngeren Platz zu machen. Erfahrung war nicht mehr gefragt, schon gar nicht eine dreißigjährige Erfahrung mit Kunden im Servicebereich, auf die Hartmann blicken konnte. Als er in der Bank angefangen hatte, hatte es all die komplex strukturierten Produkte so gut wie nicht gegeben. Und da sich im Bankenbereich alles in Richtung globaler Gelddeals entwickelt hatte, die in der heimischen Filiale niemand mehr durchschaute, brauchte man die Jungen, die solche Produkte nicht hinterfragten, sondern auf der Welle des Gewinns mitschwammen und die man noch nach Belieben formen konnte. Zudem bekamen sie ein Anfangsgehalt von vielleicht 1400 Euro, bei höchsten Zielanforderungen.

Julia flüsterte mir zu: »So wie der Neue aussieht, hat er sich auch gleich voller Freude hohe Ziele aufs Auge drücken lassen, damit Hartmann noch schlechter dasteht.«

»Bestimmt«, erwiderte ich. »Der wirkt tatsächlich so, als würde der vor lauter Zielen gleich vor Glück in die Luft springen. Da war Philipp, als er zu uns kam, noch verhalten.«

»Ja, der hat keinen Ego-Trip veranstaltet, er war nur voller Eifer bei der Sache. Dieser Typ hier sieht eher aus, als würde er jeden Morgen vor dem Spiegel stehen, sein Designerhemd mit einem breiten Grinsen zuknöpfen, dann seine Designerhose, schließlich die Designerbrille aufsetzen und zu seinem Spiegelbild sagen: ›Unter dem Strich zähl ich!‹«

»Es ist zum Kotzen.«

»Weißt du was, wenn alles zu furchtbar wird, dann kündigen wir.« Julia grinste mich an.

Ihr Satz wurde zu unserem Motto. Immer dann, wenn wir das Gefühl hatten, dass der Druck zu groß wurde, die Willkür zu gewaltig, sagten wir uns: »Dann kündigen wir.« Allein die Vorstellung, dass wir das tun konnten, half uns, weiter unsere Arbeit zu erledigen. Für einige Zeit den Schalter im Gehirn umzulegen, um nicht alles aus der Bank mit nach Hause zu nehmen.

Da ich nicht mehr dazu gekommen war, Vera bei meinem Besuch zu fragen, wie die Gewerkschaften zu all den Problemen Stellung bezogen, hatte ich mich in der Zwischenzeit selbst umgehört. Wie gestaltete sich überhaupt das Verhältnis der Banken zu ver.di? Ich erfuhr, dass viele Geldinstitutionen – darunter einige Genossenschaftsbanken, aber auch unsere Bank – sich nicht dem Deutschen Gewerkschaftsbund angeschlossen hatten. Sie hatten sogenannte gelbe Gewerkschaften gegründet und versuchten sie zu etablieren, eine unternehmerfreundliche Variante zu den »roten« Gewerkschaften, die stärker auf soziale Errungenschaften bedacht sind und entsprechende Interessen vertreten.

Die freundschaftliche Gesinnung zu den Arbeitgebern führte auch dazu, dass die Betriebsräte in ihren Rechten stark eingeschränkt wurden. Es war auch klar, dass die Mitarbeiter, die sich unter diesen Bedingungen noch in den Betriebsrat wählen ließen, nicht richtig hinter den Bankangestellten standen, sondern sich eher auf die Seite der Arbeitgeber schlugen. Letztlich waren sie nur eine Kulisse. Wie sollten Leute Druck auf Bankenvorstände ausüben, wenn sie nicht einmal rechtliche Befugnisse dazu hatten? Andere Organisationsformen schienen ebenfalls kaum Chancen zu haben, da jeder Angst haben musste, seinen Job zu verlieren. Die Französische Revolution hatte auch nur stattfinden können, weil das Bürgertum gegenüber dem Adel Reichtümer angehäuft hatte und sich von ihnen nichts mehr sagen ließ. Davon konnte aber bei uns Bankangestellten nicht die Rede sein. Also stellten Julia und ich uns weiter vor, eines Tages geschlossen zu kündigen. Immerhin blieb uns der Traum dieser kleinen Revolution, mit dem wir im Notfall ohne Blutvergießen dem ganzen Druck entkommen konnten.

Aber etwas Interessantes fand ich doch noch heraus. Immerhin hatte der Betriebsrat der Commerzbank eine Umfrage über den Gesundheitszustand ihrer Mitarbeiter durchgeführt. Sie war freiwillig, und insgesamt hatten 15 000 Angestellte bei der Befragung Rede und Antwort gestanden. Dem Ergebnis zufolge litt jeder vierte Mitarbeiter an Schlafstörungen, einige täglich, andere in einem Abstand von wenigen Tagen. Und jeder dritte äußerte sich dahingehend, »oft« Gesundheitsrisiken in Kauf zu nehmen, um die vorgegebenen Ziele zu erreichen. Das war eine erschreckende Bilanz – obwohl sie mich auch nicht wirklich verwunderte. Die Betriebsärzte der Commerzbank hatten außerdem »einen deutlichen Anstieg« des Burn-out-Syndroms konstatiert. Die Werte wären, so meinten die Mediziner, wie sie es vor sieben, acht Jahren nur in Branchen mit einem weniger guten Ruf gegeben hätte.

Über die tägliche Arbeit in der Bank ergab die Umfrage, dass 52 Prozent der Mitarbeiter ihre Zielvorgaben nicht für realistisch hielten, im Privatkundengeschäft waren es sogar 70 Prozent.[1] Zu ähnlichen Zahlen kam die Bausparkasse Wüstenrot. Auch sie führte eine Umfrage durch und wollte wissen, ob die Mitarbeiter befürchteten, ihre Arbeit könne zu langfristigen gesundheitlichen Schäden führen. Zwei Drittel bejahten das. Bestätigt wurden die Umfragen auch von den Sparkassen in Essen. Die Ergebnisse dieser Umfragen konnte man auch auf unsere Bank übertragen. Zwar gab es keine statistischen Angaben, aber wenn ich mir meine Kollegen und ihre Äußerungen durch den Kopf gehen

1 Siehe dazu Detlef Esslinger: Das Bankgeheimnis. In: Süddeutsche Zeitung vom 30. März 2010.

ließ, kam ich gefühlsmäßig zu einer vergleichbaren Einschätzung.

Mich interessierte auch zu erfahren, ob Bankangestellte gegen ihre Arbeitsbedingungen streikten. Das war kaum der Fall. Bei den meisten Streiks ging es um Tarifverhandlungen oder um eine Verhinderung des Stellenabbaus, wobei diese auch nur auf Großstädte konzentriert waren, wie Frankfurt oder Köln. Auf den Punkt gebracht: Menschen, die in einer Bank arbeiten, streiken normalerweise nicht, schon gar nicht in bayerischen Ortschaften wie Neustadt.

Nach dem Crash 2008 änderte sich diese Situation. Bei ver.di organisierte sich eine Initiative namens »Faire-Arbeit«, die sich für gesunde Arbeitsbedingungen in Banken, Sparkassen und Versicherungen einsetzt. Die Gewerkschaft hatte immer mehr Briefe und E-Mails bekommen, in denen sich Bankmitarbeiter über die starken Belastungen beklagten. Sie beschrieben den Konflikt zwischen Kundenorientierung und Ertragsorientierung als »Kampf gegen die Windmühlen«, meinten, über ihnen hänge permanent ein »Damoklesschwert« und »auf der Galeere im alten Rom« sei es einfacher gewesen. Nicht wenige wünschten sich, dass man bei der Bewertung der Mitarbeiter den »Dampf vom Kessel« nehmen möge, damit man wieder als »Mensch und nicht als Kostenfaktor« wahrgenommen wird.

Es wurde klar, dass viele litten, aber kaum jemand traute sich, das öffentlich zu machen. Immer wurde es nur hinter vorgehaltener Hand kommuniziert. Das Thema war eine Tabuzone, als dürfe ein Banker nicht unter Druck leiden. Ver.di machte es sich zur Mission, genau darüber zu sprechen, fordert die Mitarbeiter aber auch auf, selbst Lösungen zu finden. Die Commerzbank versuchte ihr Image zu verbessern, indem sie ein Projekt namens »im Lot« gründete. Als öffentlich wurde, dass Mitarbeiter stündlich ihre

Ziele melden mussten, wollte man zukünftig solche Vorgehensweisen »entrümpeln«.

Meiner Meinung nach brachte Klaus Peters vom COGITO Institut für Autonomieforschung die Problematik der Bankangestellten besonders gut auf den Punkt. Er sagte, dass die »Selbsttäuschung« am schlimmsten sei. Noch mit Fieber und Augenringen würde man am Telefon sitzen, um Kundenkontakte zu machen, zu dem Angerufenen sagen: »Schön, dass ich Sie erreiche.« Und dem Chef gegenüber würde man behaupten: »Alles ist bestens.«[2] Wenn die Bankangestellten jedoch nicht selbst ihre Bedürfnisse kommunizieren, kann sich nie etwas an ihren Arbeitsbedingungen ändern.

2 https://fidi.verdi.de/faire_arbeit/video-faire-arbeit

14
Rente mit fünfundachtzig

Montag, 8.15 Uhr. Morgenrunde. Philipp und ich sahen etwas müde aus, weil wir am Wochenende wieder ein Seminar besucht hatten; ich mein drittes, er zählte schon lange nicht mehr mit. Die allgemeine Verbesserung der Beratung hatte auf dem Programm gestanden. Wir sollten bei der Gesprächsführung zukünftig nicht nur unseren Check-up-Bogen einsetzen, sondern auch besondere Formulare, wenn wir es mit jungen Leuten oder mit der Generation 50+ zu tun hatten. Alles unter dem Motto: »Je genauer wir Ihre momentane Situation kennen, desto gezielter können wir Sie beraten.«

Ich fand es sehr indiskret, was ich alles erfragen sollte, noch persönlicher als beim Finanzcheck. Bei jungen Kunden ging es zum Beispiel um die individuellen Wünsche (also Führerschein, Motorrad oder Auto, Ausbildung, Hobbys), die eigene Wohnung (»Wohnen Sie noch bei den Eltern? Wann wollen Sie ausziehen? Wie viel Miete bezahlen Sie? Was wollen Sie für die Einrichtung ausgeben?«) und insbesondere um die Risikovorsorge (Berufsunfähigkeit, finanzielle Unterstützung bei einem Unfall). Natürlich gab es dazu auch die passenden Startpolicen, etwa eine Berufsunfähigkeitsvorsorge mit integrierter Altersvorsorge, mit Start-, Aufbau- und Zielphase, wobei die Zielphase – eine irreführende Bezeichnung – am längsten dauerte, nämlich vom zehnten Jahr des Versicherungsbeginns bis zum zweiundsechzigsten Lebensjahr. In der Zielphase musste außerdem der höchste monatliche Beitrag gezahlt werden.

Für die Kunden um 50+ standen andere Dinge im Vordergrund: Ob man früher in den sicheren Ruhestand gehen möchte, wie man sein Vermögen – klar, dass man in diesem Alter dank der hervorragenden Beratung der Bank eines hatte – optimierte. Wie man sich im Falle eines eventuellen Pflegebedarfs absichern könnte oder welche unerfüllten Träume man noch hatte. Dazu waren auf den Fragebogen, die wir bekamen, Fotos abgebildet: grauhaarige, strahlende und fitte ältere Herrschaften beim Golfspielen oder Angeln in den Weiten irgendwelcher amerikanischer Flusslandschaften, auf Liegestühlen einer sonnenbeschienenen Terrasse oder in einem Oldtimer auf nicht minder sonnigen Landstraßen.

Vor Jahren hatte eine Sparkasse eine Werbekampagne für junge Leute gestartet. Um sie zum Sparen zu animieren, zeigte man sie mit einem Oldtimer Modell von Mercedes oder einer anderen Automarke. Die Anzeigenkampagne floppte, weil junge Leute zu dieser Zeit schnelle, moderne Autos bevorzugten. Anscheinend passten nach neuesten Marketingerkenntnissen alte Wagen und ältere Menschen besser zusammen.

Wieso sollte eine Bank all diese Informationen sammeln? Ich hätte mich geweigert, entsprechende Auskünfte zu geben. Mein alter Kinderarzt hätte mich nach meinen Lebenswünschen fragen können, aber das war eine ganz andere Verbindung, eine gewachsene Beziehung.

Julia wirkte wach wie eh und je, und Manfred Deckstein hielt bereits Block und Stift in der Hand, um sich ja alles zu notieren, was Thomas Mädler anordnete. Michael Nieland war schon zu einem »wichtigen« Termin unterwegs, wie uns verkündet wurde, deshalb sei er entschuldigt.

»Sie alle haben Bauspar-Seminare besucht«, begann

Mädler, wobei ich das Gefühl hatte, dass er seine stahlgrauen Augen länger auf mir ruhen ließ als bei den anderen, »dennoch sind Ihre Ergebnisse nicht zufriedenstellend. Ich habe mir überlegt, wir veranstalten einen Bauspar-Aktionstag, damit die Kunden ungezwungen in die Bank kommen und sich informieren können. Hierfür habe ich den Donnerstag angesetzt. Ihre Aufgabe ist es nun in den nächsten Tagen, Telefonakquise zu betreiben. Also, legen Sie los, verlieren Sie keine Minute Zeit.«

Damit war die Besprechung beendet, und wir erhoben uns von unseren Stühlen. Ich hasste Bausparverträge seit dem Seminar bei dem smarten Martin Huber noch mehr. Ich fand sie unseriös – und viele Kunden wohl auch, sonst hätten wir nicht solche Probleme damit, sie loszuwerden. Überhaupt wirkte keiner aus unserer Runde wirklich motiviert, Kunden gezielt auf diese Anlageform anzusprechen. Außerdem waren mir diese konzentrierten Telefonakquisen zuwider. Wie bei jeder anderen war auch dieses Mal zu erwarten, dass wir die wenigsten Kunden tagsüber erreichten – und Mädler setzte wie selbstverständlich voraus, dass wir auch nach den Öffnungszeiten der Bank, also nach achtzehn Uhr, noch auf unserem Platz blieben und terminierten. »Ich persönlich fordere das nicht von Ihnen«, erklärte er einmal mit großem Pathos, »aber diese Aufgabe müssen Sie für die Bank übernehmen.« Und auch in diesem Fall war unsere Bank keine Ausnahme, wie ich durch meine Gewerkschaftsrecherche erfahren hatte.

»Auf zu unseren Listen!« Julia hatte die Kampfparole ausgerufen, denn was wir taten, war nichts anderes, als anhand der Listen unsere »Opfer« auszusuchen, die wir in einer Redeschlacht überrumpeln mussten. Von Argumentation und Überzeugung konnte kaum noch die Rede sein.

Vor einigen Monaten hatten wir von Nieland eine

Rundmail bekommen, in der alle Listen, die im Umlauf waren, wiederum aufgelistet waren, damit wir einen Überblick über sie hatten – wir wussten manchmal selbst nicht, welche verschiedenen Listen es gab, keiner kannte sich mehr richtig aus. Immerhin war Nielands Aufstellung so strukturiert, dass sie auch Hinweise darüber gab, welche Listen bevorzugt abgearbeitet werden mussten.

Es dauerte eine Weile, bis ich herausgefunden hatte, auf welcher Liste die Kundennamen mit ihren Telefonnummern standen, die für einen Bausparvertrag in Frage kamen. Mit den anderen Kollegen sprach ich mich daraufhin ab, wer welche Kunden übernehmen sollte. Ich hatte insgesamt dreißig Kunden anzurufen.

Eine Nummer nach der anderen wählte ich – immer im mir mittlerweile vertrauten Zwiespalt zwischen Hoffen und Bangen. Wenn der Anrufbeantworter ansprang, war ich erleichtert, dass ich den Kampf des »Anwerbens« nicht aufnehmen musste, gleichzeitig wusste ich aber, dass ich es wieder und wieder versuchen musste, bis ich die gewünschte Person am Apparat hatte. Ich fühlte mich wie ein Hamster im Rad.

Um achtzehn Uhr konnte ich vermerken, dass ich von den dreißig Kunden gerade mal drei zu Hause erreicht hatte, und keiner hatte Interesse für einen Bausparvertrag gezeigt. Wohl oder übel musste ich länger in der Bank bleiben, denn es war abzusehen, dass sich das Spiel sonst am nächsten Tag genauso fortsetzen würde.

Es war frustrierend und irgendwie auch demütigend, nach Feierabend weiterarbeiten zu müssen. Wahrscheinlich hätte mir das nichts ausgemacht, wenn die Stunden zuvor erfüllend gewesen wären, aber so hatte sich in mir nur eine große innere Leere aufgetan. Mädler war selbstverständlich pünktlich gegangen. Als Julia ihn gefragt hatte, ob er denn unsere Überstunden abzeichnen würde, hatte er nur schnippisch geantwortet, dass er das nicht machen würde, wir müssten langsam lernen, selbst Verantwortung zu übernehmen. Das war aber nur eine Ausrede. Er konnte sie schlicht nicht abzeichnen, weil Überstunden monatlich nur im Rahmen eines Arbeitstags möglich waren, und diese acht Stunden hatten wir längst beansprucht. Wahrscheinlich waren deshalb auch die Stempelkarten abgeschafft worden, damit hätte man die Mehrstunden genau dokumentieren können. Auch das war ein weiterer Schachzug in diesem System der Ausbeutung. Uns wurde als Argument für die Abschaffung gesagt, man würde stempeln und dann doch nur Kaffee trinken, das wäre eine Vorspiegelung falscher Tatsachen. Aber darum ging es keineswegs, unseren Vorgesetzten war bewusst, wie viele Überstunden wir machten.

»Na, wie sieht's aus?«, fragte Philipp, der in mein Büro hineinschaute.

Ich erzählte ihm von meinen Fehlschlägen.

»Es ist, als würde man mit Missachtung gestraft werden«, bestätigte er mich. Er hatte am Ende des Tages ein ähnliches Akquiseergebnis vorzuweisen. »Aber damit wir nicht vollkommen daran zerbrechen – soll ich dir eine Pizza mitbringen? Julia ist auch dabei.«

Ich nickte. »Bitte mit Gorgonzola und Artischocken.«

»Alles klar.«

So startete ich einen weiteren Versuch, die restlichen dreiundzwanzig Kunden anzurufen.

»Was, Sie belästigen mich um diese Uhrzeit? Es ist fast halb sieben! Haben Sie denn keinen Feierabend?« Rums. Da wurde der Hörer schon aufgelegt.

»Sie können mich morgen wieder anrufen, jetzt geht es nicht, ich bin am Kochen.« Wieder Rums.

»Ja, sind Sie denn verrückt? Ich will abends meine Ruhe haben!«

Einer nach dem anderen kanzelte mich ab. Wenn ich vorher schon kein Glück hatte, so hatte ich jetzt einfach nur noch Pech. Ich wusste, dass ich wieder mit einem schlechten Gefühl nach Hause gehen würde, war mir doch klar, dass Mädler am nächsten Morgen um Viertel nach acht wissen wollte, was aus der »wunderbaren Telefonakquise« herausgekommen sei. Nichts. Ganz und gar nichts.

»Komm«, sagte Philipp, der wieder in der Tür stand, drei flache Pappkartons in der Hand. »Wir essen erst mal was.«

Der Geruch von geschmolzenem Käse und Basilikum hatte etwas Tröstliches an sich. Und Trost brauchten wir.

Wie erwartet mussten wir am nächsten Morgen einer nach dem anderen unsere Ergebnisse präsentieren. Da ich in der Nacht wieder einmal nicht gut geschlafen hatte, war ich leicht überdreht – und kratzbürstig. Als ich an die Reihe kam, um Bericht zu erstatten, sagte ich, nachdem Mädler mir wieder einen Vortrag darüber gehalten hatte, was Effektivität bedeutete:

»Wir werden hier abgefragt wie in der Schule. Sind wir in einer Bank oder im Mathematikunterricht, wo wir unsere Formeln parat haben müssen?«

»Stimmt«, unterstützte mich Julia. »So wie Sie uns fragen, so frage ich bei meinem Sohn die Vokabeln ab. Sie haben uns doch immer beigebracht, dass es im Bankgeschäft um eine freundliche Direktansprache geht.« Das war eine klare Anspielung darauf, dass Mädler uns gegenüber stets seinen arroganten Ton benutzte, so wie auch jetzt.

Philipp versuchte ein Lachen zu unterdrücken, Mädler zog eine Augenbraue hoch. Ich war gespannt, was nun folgen würde. Es war uns nicht verborgen geblieben, dass er zwar gern austeilte, aber selbst nichts einstecken konnte. Und seiner Miene sah man an, dass er sich für die Variante

»beleidigt« entschieden hatte. Dennoch passierte nichts. Er wandte sich einfach dem nächsten Mitarbeiter zu. Aber ich ahnte, dass das noch ein Nachspiel haben würde. Mich wieder zu piesacken – da würde ihm bestimmt etwas einfallen. Immerhin hatten wir, indem wir uns gegen seinen schulmeisterlichen Ton gewehrt haben, einen Erfolg erreicht: Er schlug danach einen weniger autoritären Abfragestil ein und fuhr uns nicht mehr einfach über den Mund, wenn er mit unseren Zahlen unzufrieden war.

Der Bauspar-Aktionstag war trotz unserer Bemühungen ein Flop. Es kamen nur sehr wenige Kunden in die Bank, um sich darüber zu informieren, wahrscheinlich hatte überhaupt nur einer einen Vertrag abgeschlossen, genau weiß ich es nicht mehr. Mädler konnte nicht zufrieden sein, und das ließ er uns auch spüren. Wie erwartet stand er kurz darauf wieder in meinem Türrahmen. Innerlich zuckte ich zusammen, denn was würde er mir nun vorhalten? Er schaffte es tatsächlich, mich zu überraschen:

»Ich bin menschlich von Ihnen enttäuscht, Frau Eder, wirklich.« Sein Gesichtsausdruck deckte sich nicht mit dem, was er gerade gesagt hatte, vollkommen ausdruckslos schaute er mich unverwandt an.

Nachdem ich mich gefangen hatte, antwortete ich: »Menschlich, wie kommen Sie denn darauf? Ich habe doch jeden Kunden erreicht, habe dafür sogar Überstunden gemacht.«

»Was nützt es, die Kunden am Telefon zu haben, wenn Sie nicht so von unseren Produkten sprechen, dass der Angerufene das Gefühl hat, er könnte etwas versäumen, wenn er nicht zu uns in die Bank kommt. Sie haben immer noch nicht den Ehrgeiz eines Siegers entwickelt.« Kopfschüttelnd betrachtete er mich weiter.

Das war psychologisch gesehen eine gemeine Tour, die mein Chef nun fuhr.

»Seit wann werden in einer Bank die Menschen nach Siegern und Verlierern eingeteilt? Sie sprechen selbst von Menschlichkeit – aber geht es dann nicht darum, dass die Werte vertreten werden müssen, mit denen die Banken doch permanent an ihre Sparer appellieren? Oder ist die Diskrepanz zwischen dem wohltönenden Slogan Ihrer Bank und der Tatsache, dass Ihnen die Menschen völlig egal sind, Hauptsache, sie legen ihr Geld an, sogar beabsichtigt? Menschlichkeit, so wie ich sie verstehe, besteht auch darin, dass ich einer alten Frau nichts verkaufe, was für ihre persönlichen Bedürfnisse gar nicht passend ist.

Ich kann nicht nachvollziehen, dass die Mitarbeiter, die es nicht übers Herz bringen, sich solchen Geschäftsmethoden anzuschließen, die da nicht mitmachen wollen, niedriger eingestuft werden und weniger Gehalt bekommen, obwohl sie große Teamfähigkeit besitzen und sofort einspringen, wenn sie sehen, dass andere Hilfe brauchen.« Natürlich hatte ich mich da auch selbst im Blick. Und da ich mich gerade in Rage geredet hatte, fuhr ich fort: »Warum wird dieses Denken, das allein auf wirtschaftliche Gewinne abzielt, nicht einmal hinterfragt? Warum können für uns Mitarbeiter keine Ziele gesteckt werden, die einlösbar sind, die menschlich sind? Und warum überlässt man uns Beratern Anlageformen, die so komplex geworden sind, dass ein spezielles Fachwissen nötig ist, um sie mit gutem Gewissen empfehlen zu können?

Wenn das nicht Leute machen, die wirklich etwas davon verstehen, die die ganzen wirtschaftlichen Zusammenhänge durchschauen, dann geht doch die ganze Qualität der Beratung verloren. Hat denn die Bank kein Interesse daran, dass die erhalten bleibt? Wie soll eine Mitarbeiterin, eine Mutter von zwei Kindern, abends noch jedes Bankprodukt auswendig lernen, mit allen Raffinessen, die diese Finanzinstrumente mittlerweile haben?« Jetzt war ich an der Reihe, den Kopf zu schütteln, das stand nicht allein Thomas Mädler zu.

Das Beispiel der zweifachen Mutter hatte ich angebracht, weil Julia gerade ein Einzelcoaching absolvieren musste. Ihr Verkauf von komplexeren Wertpapieren war gleich null, weil sie sich konsequent geweigert hatte, Kunden diese Anlageform anzubieten, mit der Begründung, sie seien ihr zu risikobehaftet, zudem würde sie auch nicht wirklich etwas von ihnen verstehen. Sie hätte mehr und mehr mitbekommen, dass man Zahlen frisieren würde, und sie könne nicht mehr durchschauen, wo dies der Fall sei und wo nicht. Nachdem man ihr Video ausgewertet hatte, sagte man ihr, sie solle sich mehr Produktwissen aneignen, dann würde sie auch sicherer im Umgang mit den Kunden sein. Als sie meinte, dass dies zeitlich mit zwei Kindern nicht möglich sei, gab man ihr deutlich zu verstehen, dass sie selbst schauen müsse, wie sie das mit ihrer Familie arrangiere. Seitdem wirkte sie bedrückt und ging nicht mehr so offen und freundlich mit den Kunden um. Gerade von ihr waren immer alle begeistert gewesen, weil sie so außerordentlich gut ankam. So konnte man aus motivierten Mitarbeitern auch weniger motivierte Mitarbeiter machen. Ein gravierender Fehler, wie ich fand.

Mein Chef hatte in den Minuten, in denen ich ihm meine Meinung offenbart und er sich alles angehört hatte, keine Miene verzogen.

»Da Sie keine Mutter von zwei Kindern sind, werden Sie ja wohl weniger Probleme haben. Und was kümmert Sie überhaupt, was für Schwierigkeiten Ihre Kollegen haben. Wollen Sie sich hier als Mutter Teresa aufspielen?«

Damit war er aus meiner Tür verschwunden. Es war nicht zu überhören gewesen, was er von Mutter Teresa hielt. Nur wenn es darum ging, neue Sparer zu gewinnen, dann durften wir die Lotteriesparer anwerben, die mit ihrem Los für einen gemeinnützigen Zweck einen Euro spendeten. Da war »Menschlichkeit« gefragt, ansonsten wehte ein anderer Wind. Zugleich fiel mir ein, was Julia über »frisierte Zahlen« gesagt hatte. Es sollte mir nicht mehr aus dem Kopf gehen.

Ohne genau zu wissen, warum, rief ich Maximilian in Herrsching an. Auf dem Erntedankfest hatten wir noch lange getanzt und unsere Nummern ausgetauscht. Ab und zu telefonierten wir miteinander, trafen uns auch hin und wieder. Doch es lagen etliche Kilometer zwischen uns. Und noch nie hatte ich ihn während der Arbeitszeit angerufen. Irgendwann ist immer das erste Mal.

Bevor ich etwas sagen konnte, meinte Maximilian: »Willst du mal was Aufbauendes hören?« Er wartete meine Antwort gar nicht erst ab, sondern sprudelte los: »Gerade hörte ich von einem Fall, da zog es mir die Schuhe aus. Ein Rentnerehepaar wollte 10 000 Euro anlegen, hatte dem Berater aber gesagt, dass sie keine Aktien und keine Fonds haben wollten, mit der Begründung, sie würden ja doch nichts davon verstehen. Der Berater verkaufte ihnen daraufhin ein Papier der R+V Luxembourg Lebensversicherung. Als man die beiden benachrichtigte, weil das Papier immens an Wert verloren hatte, stellte sich heraus, dass es zu einem Drittel aus Aktien und zu zwei Dritteln aus einem Rentenfonds gespeist war. Da hatten die beiden Rentner genau das, was sie nicht haben wollten. Und der Gipfel ist, dass sie, selbst wenn das Papier funktioniert hätte, erst mit fünfundachtzig eine Auszahlung bekommen hätten. Eine Rente mit fünfundachtzig! Kannst du das glauben? … Hallo, Maria, hörst du überhaupt noch zu?«

Ich legte auf, ich hatte genug gehört. Ich konnte nicht mehr.

15
Ein Gespräch mit Maria

Sollte ich nun, nach all dem, was vorgefallen war, bei der Bank bleiben oder nicht? Als im Jahr 2009 alle Argumente dafür und dagegen durch meinen Kopf schwirrten, näherte sich Pfingsten. Und mit Pfingsten auch die Wallfahrten. Schon mit vier oder fünf Jahren hatte mich mein Vater dazu mitgenommen. Ich kann mich noch gut daran erinnern. Um drei viertel fünf in der Früh fuhren wir mit dem Zug ins Erdinger Land. Irgendwo auf der Strecke stiegen wir aus, um nach Maria Thalheim zu pilgern. Thalheim gehört zu den ältesten Marienwallfahrtsorten in dieser Gegend.

»Papa, ich kann nicht mehr«, sagte ich, wenn ich überhaupt nicht mehr weiter auf meinen Füßen laufen konnte. Dabei hatte ich mich so bemüht, mit den vielen Erwachsenen, die ebenfalls unterwegs waren, mitzuhalten. Mein Vater stoppte dann einen Wallfahrtsbus und fragte, ob wir mitfahren könnten, oder wir stiegen für das letzte Stück in den Zug, wenn wir in der Nähe einer Bahnstation waren. Als ich schon etwas älter war, fragte ich ihn auch, warum wir und all die anderen Menschen überhaupt so lange gehen mussten. Immerhin gerieten wir dabei häufig in Wind und Regen, und müde Knochen und reichlich Blasen an den Füßen waren ebenfalls garantiert.

Er antwortete: »Man muss nicht nur in der Kirche sitzen, um an Gott zu glauben, sondern man kann sich den Glauben auch erlaufen.«

»Was heißt das, Papa, den Glauben erlaufen?« Ich konnte mir darunter nichts vorstellen. Ich wusste zwar, dass Wallfahrten etwas mit Gott zu tun hatten, aber in meiner naiven Vorstellung von ihm, saß er einfach oben auf einer Wolke und schaute von dort auf mich herab, sah genau, ob ich etwas Gutes oder etwas Böses tat. Was hatte das mit Wandern zu tun? Immerhin sangen die Menschen um uns herum, das konnte ich noch nachvollziehen, das tat man auch in der Kirche. Aber wieso sollte es ein besonderes Erlebnis sein, singend und betend die Landstraßen zu erobern? Das war körperliche Anstrengung. War das etwa eine Art Rebellion, um aus unserer Kirche und dem Gemeindehaus auszubrechen? Mit dem Auto meines Vaters hätte man das Ziel in einem Bruchteil der Zeit erreicht, die wir damit verbrachten, die Strecke zu Fuß zu bewältigen.

»Wenn man pilgert«, erklärte mein Vater, »dann kann man Gott plötzlich begegnen, ohne dass man damit gerechnet hat.«

»Siehst du ihn dann nicht mehr auf der Wolke, sondern in einer der Blumen, an denen wir vorbeikommen?« Ich war wirklich noch sehr unbedarft.

»Nein, aber es passiert etwas im Herzen. Da ist eine große Freude, und je länger man unterwegs ist, umso größer wird sie. Und manchmal weiß man am Ziel, was man zu tun hat. Wenn ich etwa eine wichtige Entscheidung treffen muss, dann wird mir auf dem Weg plötzlich klar, was von mir gefordert ist. Ich brauche mir nicht mehr den Kopf darüber zu zerbrechen. Alles erscheint dann ganz selbstverständlich. Und das ist für mich jedes Mal eine besondere Begegnung mit Gott, die ich so im Alltag oder in der Kirche nie erleben würde.«

»Wenn ich mir also eine Puppe wünsche und nicht weiß, ob ich lieber eine blonde oder eine schwarzhaarige haben möchte, dann weiß ich nach einer Wallfahrt, welche ich will?«

»So ungefähr, aber es geht dabei mehr um innere Dinge. Es ist auch ein wunderbares Gemeinschaftserlebnis, und irgendwie kehrt man jedes Mal ein bisschen verändert zurück und denkt mehr an das, was uns Menschen verbindet. Du wirst das auch noch spüren.«

Das war eine Verheißung, die ich erst recht dann nicht nachvollziehen konnte, wenn plötzlich Regengüsse vom Himmel stürzten, die einen innerhalb von Sekunden völlig durchnässten, noch bevor die Regenjacken und -hauben aus dem Rucksack geholt waren.

Trotz aller Quälerei interessierte mich das Wallfahren immer mehr. Es musste den Menschen etwas geben, sonst würden sie sich nicht jedes Jahr wieder auf den Weg machen. Das tat man nicht, weil es der Priester aus Altdorf befohlen hatte; ihm hätte es sicher genügt, wenn wir regelmäßig zur Messe erschienen.

Mit dem Verstand hatte das bestimmt nichts zu tun, da war ich mir sicher, denn dann wäre mein Vater in manchen Jahren bestimmt nicht erst abends losgezogen, um an einer nächtlichen Wallfahrt teilzunehmen, die dann acht, neun Stunden dauerte, unterbrochen nur von wenigen Pausen – das war wirklich unvernünftig. Um das Pensum zu schaffen, legte er sich vor seinem Aufbruch nachmittags hin. Anfangs, als ich dies das erste Mal mitbekam, dachte ich, mein Vater wäre krank, da er sonst immer unterwegs war, auch am Wochenende. Die Bauern brauchten ihn, den Mechaniker, um ihre landwirtschaftlichen Maschinen wieder flottzubekommen, besonders in dieser frühsommerlichen Jahreszeit. Aber nein, er war kerngesund, er wollte nur den nächsten Wander-Marathon bewältigen – und dafür ließ er seine freien Stunden sausen, und auch die Bauern mussten im Notfall auf ihn verzichten. Nichts hätte meinen Vater von seinen Wanderungen zu Gott abhalten können.

Schließlich hatte er es geschafft: Er hatte mich mit seinem Eifer angesteckt. Das Unterwegssein hatte wirklich etwas, mit der Zeit übte es eine große Anziehung auf mich aus. Es war eine Art Versprechen, etwas, das die Seele berührte, und zwar ganz tief, ganz nachhaltig. Und wie jedes gemeinschaftliche Erlebnis mit Menschen, die dachten und fühlten wie man selbst, hatte es etwas Beglückendes an sich, so wie das Lächeln meiner Tante Cilli, wenn sie dankbar war, weil man ihr den Küchenschrank geputzt oder sie zu Bett gebracht hatte.

Dieses Lächeln hatte für mich immer einen engen Zusammenhalt bedeutet, den anderen nah sein zu wollen, auch Solidarität mit den Schwächeren in unserer Gesellschaft zu üben, genauso wie ich es auch immer den Kindern auf den Bibeltagen erzählt hatte. Der Glaube, das begriff ich bei diesen »Erwanderungen«, war nicht das Entscheidende, es war das Miteinander, das Gefühl, nicht allein auf der Welt zu sein. Wildfremde Leute gaben einem ein Pflaster, wenn man die eigenen zu Hause vergessen hatte. Man teilte sein Essen, bekam Aufmunterung, wenn man gerade einen müden Punkt erreicht hatte und die Füße verdammt schmerzten, weil der letzte Schauer die Socken endgültig aufgeweicht hatte.

Auf diesen Wallfahrten spielte es keine Rolle, was man für ein Auto fuhr, welche Immobilie man besaß, was für Reisen man unternahm. Keiner unterhielt sich über Anleihen, Zertifikate oder Börsenkurse. All diese Menschen interessierten sich nicht dafür, so schien es jedenfalls in diesen Stunden, ob sie bei dieser Bank mehr Zinsen bekommen konnten als bei einer anderen. Was zählte, das war die Fürsorge für den anderen, die Fröhlichkeit, die kleinen Erlebnisse der erfahrenen Nächstenliebe. Das war

Freiheit – und ich war meinem Vater sehr dankbar, dass er mich schon so früh auf seine Wallfahrten mitgenommen hat. Meine Mutter und meine Geschwister machten sich nie lustig über uns, aber so recht konnten wir sie nicht dazu bringen, sich unserem gemeinschaftlichen Wandern anzuschließen.

Als ich mich immer unglücklicher fühlte, beschloss ich Pfingsten 2009, eine größere Wallfahrt zu unternehmen, von Regensburg nach Altötting, drei Tage lang; es war der Große Marsch zur Gnadenmutter, zum Marienheiligtum. Ich empfand eine besondere Zuneigung für die Muttergottes, hatte sich doch Maria um Jesus gesorgt, so, wie man sich wünscht, dass man selbst umsorgt wird. Dass ich ihren Namen trage, spielte vielleicht auch eine Rolle.

Mein Vater wäre gern die gesamte Strecke mit mir gelaufen, das war ihm aber gesundheitlich leider nicht möglich. Er folgte mir darum mit dem Auto und nahm mich auch – ich muss es gestehen – auf dieser neunzig Kilometer langen Strecke, den einen oder anderen mit. Ich war aber nicht nur wegen meiner Vorliebe für die Muttergottes auf die Idee gekommen, nach Altötting zu pilgern. Es gab noch einen anderen Grund: Unser Wallfahrtsverein in Altdorf hatte gerade 175-jähriges Jubiläum, und unser Pfarrer wollte in Altötting einen besonderen Gottesdienst gestalten. Ich erhoffte mir durch diese Zeremonie außerdem Hilfe bei der Bewältigung meiner inneren Nöte. Die drei Tage stellte ich mir wie eine lange Meditation vor – diese Zeit konnte nicht spurlos an mir vorübergehen.

Meine Freundinnen Sophia und Magdalena waren sofort Feuer und Flamme, als ich ihnen von meinem Vorhaben erzählte; auch einige andere aus unserem Dorf wollten sich dem Wallfahrtszug anschließen, hauptsächlich waren es Gleichaltrige aus unserem Sportverein. Natürlich blieben auch in diesem Jahr an Pfingsten nicht die obligatorischen Regengüsse aus, aber aufhalten konnten sie uns nicht. Wir übernachteten in einfachen Gasthäusern, einige von uns in Scheunen, aber so viel Naturliebe konnte ich dann doch nicht aufbringen, zumal die Luft durch den Regen feucht und schwer war. In den Gasthäusern wurden wir herzlich empfangen, und ich kam mir vor wie einer der Pilger aus dem Mittelalter, die mit Brot und Wein umsonst versorgt wurden, wenn sie eine Wirtsstube betraten. Etwas bezahlen mussten wir zwar schon, aber es war nicht der Preis, den man uns üblicherweise für Übernachtung und Mahlzeit angerechnet hätte. Dort, wo wir unsere nassen Jacken aufhängten, stapelten sich auf dem Boden einige Holzkreuze, andere lehnten an der Wand, die Zeichen der Wallfahrer.

Am letzten Tag der Wanderschaft ging es sechs Stunden über Wiesen- und Feldwege. Morgens um halb vier Uhr hatten wir uns in der anbrechenden Morgendämmerung auf den Weg gemacht. Die Welt war noch ganz still, nicht einmal ein Vogel oder ein Hahn empörte sich, dass wir ihm mit unserem Gesang sein morgendliches Solo streitig machten. Wir hatten unsere warmen Betten so früh verlassen, weil wir rechtzeitig um zehn Uhr zum Gottesdienst in der Altöttinger Basilika ankommen wollten, der ja auch von unserem Pfarrer ausgerichtet wurde.

Es war ein unbeschreibliches Gefühl, als wir endlich Altötting mit seiner traditionsreichen bayerische Gnadenkapelle erreichten. Angesichts der vielen Menschen, die mit uns unterwegs waren, wirkte sie sehr klein, dabei gehörte diese Wallfahrtsbasilika zu den bedeutendsten in ganz Deutschland. Die Kreuzträger zogen ihre Runden um das Gotteshaus, manche Menschen beteten unter freiem Himmel, an dem sich zur Feier des Tages sogar die Sonne zeigte.

Jede Pilgerschar hatte ihre eigenen Messezeiten, denn es

waren einfach zu viele Wallfahrer gekommen, als dass alle gleichzeitig in der Basilika den Gottesdienst hätten feiern können. Als ich schließlich einen Platz auf der Kirchenbank einnahm, merkte ich, wie müde ich war. Unterwegs hatten wir keine Rast eingelegt, weil wir ja nicht zu spät kommen wollten. Einige aus unserer Gruppe schliefen sofort auf den Bänken ein. Ich war aber innerlich viel zu aufgewühlt, um ihrem Beispiel zu folgen. Ich suchte nach einer Antwort, ich wollte in mir empfinden, was für mich der richtige Weg war. Dazu hatte ich diese Wallfahrt unternommen. Mit den anderen hatte ich nicht darüber gesprochen, ich wollte mit ihnen keine rationalen Argumente diskutieren, ich wollte meinen Bauch spüren. Er war schon immer ein guter Ratgeber gewesen und ließ mich wissen, ob sich etwas gut und richtig anfühlte oder eben weniger. Auf dieses Wohlgefühl musste ich achten, das wollte ich hier spüren.

Als der Gottesdienst begann, hörte ich kaum zu. Weder achtete ich auf die Musik noch auf die Worte der Priester. Ich ließ mich vom Weihrauch einfangen, starrte – vielleicht bedingt durch die Müdigkeit – wie hypnotisiert zum Marienbildnis, das vor mir zu schweben schien. Eine riesige Krone mit Edelsteinen schmückte Marias Haar, dazu trug sie ein kostbares Gewand, das bis zum Boden ging. Sie war so schön und wirkte so gütig, ein unglaublicher Zauber ging von ihr aus.

»Wenn ich kündige, wäre das etwas, was du bejahen würdest? Wäre das eine gute Entscheidung?«, fragte ich sie in meiner Unschlüssigkeit, die sich in mir ausgebreitet hatte, ja, nichts anderes schien sonst mehr in mir Raum zu haben. Natürlich sprach ich nicht laut mit der Muttergottes, ich flüsterte ihr die Worte nur im Stillen zu.

»Warum willst du deine Arbeit nicht mehr machen?« Ich wunderte mich gar nicht, dass ich ihre Stimme in mir hörte, dass sie mit mir sprach; nach den langen Tagen auf den Straßen und Feldwegen war ich wohl tatsächlich in eine Art Trance geraten.

»In der Bank ist es so eng geworden. Wenn ich morgens dorthin gehe, habe ich Bauchschmerzen. Damit ich den Weg dorthin schaffe, stelle ich mir vor, ich würde ganz woanders hingehen. In den Zoo oder in einen Kindergarten.«

»Und weshalb hast du Bauchschmerzen?«

»Ich bin so unglücklich. Ich muss Menschen etwas verkaufen, was ich ihnen nicht verkaufen will. Das kann ich mit meinem Gewissen nicht vereinbaren.«

»So, so, das ist gut. Hast du einmal daran gedacht, dass du noch sehr jung bist?«

»Wie? Was heißt das, dass ich noch sehr jung bin?«

»Es heißt genau das, was ich gesagt habe – du bist noch sehr jung. Du kannst noch viel machen.«

»Aber ich habe einen unbefristeten Vertrag, den gibt man nicht so schnell auf.«

»Ah, da haben wir es wohl mit einem Feigling zu tun. Meinst du, mein Sohn hätte das erreicht, wofür er bekannt wurde, wenn er nur auf die sichere Schiene gesetzt hätte? Aber mach nur vierzig Jahre weiter so. Oder noch länger. Du wirst schon sehen, was du davon hast. Migräne. Tinnitus. Herzinfarkt.« Die Gnadenmaria klang gar nicht mehr besonders gnädig und sah auf einmal auch nicht mehr so gütig aus, sie wirkte fast ein bisschen aufrührerisch. Als hätte sie meine Gedanken erahnt, fügte sie hinzu: »Und wenn du mir jetzt vorhalten willst, dass du nicht wie mein Sohn enden willst, genagelt ans Kreuz, dann kann ich dir nur zustimmen. Als Mutter hält man sein Kind jedoch für einzigartig und kostbar. Und du isst vom Leib Christi, also kann ich von dir auch ein wenig mehr Mut verlangen.«

Natürlich musste ich nun kontern: »Meine Mutter kann es gar nicht verstehen, dass ich bei der Bank nicht mehr bleiben will. Sie macht sich sehr viele Sorgen um mich. Du als Mutter müsstest das doch verstehen.«

»Ist es dein Leben oder ihr Leben? Glaubst du, dass ich bei meinem Sohn mitzureden hatte? Ich habe das Fundament dafür gelegt, dass Jesus so wurde, wie er ist. Das hat deine Mutter auch getan. Sie kann nicht erwarten, dass du auf einmal andere Werte vertrittst als die, die sie dir beigebracht hat.«

»Ja, ja, du hast recht.« Tief seufzte ich mehrmals hintereinander, bis ich merkte, dass mich Guido, mein Banknachbar, wohl schon mehrmals angestoßen hatte. Ich sollte mich zum Beten niederknien. Peinlich!, dachte ich im ersten Moment. Aber man führte nicht jeden Tag ein Gespräch mit Maria, dafür hätten die anderen in der Wallfahrtskirche sicher Verständnis, wenn sie davon gewusst hätten.

Erleichtert richtete ich mich wieder auf und entschuldigte mich bei Gott, weil ich bislang noch keinen Gedanken an ihn verschwendet hatte. Für die letzten Minuten wollte ich das schleunigst nachholen. Ich wusste ja nun, was zu tun war. Der Luftballon in meinem Bauch, der mich so gespannt und ausgedehnt hatte, war auf einmal nicht mehr unangenehm prall. Alles fühlte sich leicht an. Die Muttergottes, unter deren Schutz ich mich gerade gestellt hatte, hatte mir Zuversicht gegeben. Die Zweifel, die mich gequält hatten, waren ausgeräumt. Mein Leben bot mir auf einmal wieder tausend Möglichkeiten, die ich ergreifen, die ich mit meinem Gewissen vereinbaren konnte. Ich würde schon nicht untergehen, ich konnte für mich selbst sorgen.

Draußen, auf dem großen Kapellplatz, zogen weiterhin Tausende von Menschen umher. Ich entdeckte sogar einige

Ochsen, die von ihren Besitzern geführt wurden, damit sie die Basilika umrundeten.

Direkt am Haupteingang der Basilika erwartete mich mein Vater. Wir hatten uns dort verabredet, sonst hätte ich ihn unter den Menschenmassen nie gefunden, obwohl auch er die gleiche Messe besucht hatte. In seinen Augen sah ich ein Leuchten, ich kam mir vor, als würde ich mich im Spiegel betrachten. Ich hakte mich bei ihm unter, schweigend und ganz langsam gingen wir aus dem Kreis der Wallfahrer hinaus. Sophia, Magdalena, Guido und die anderen würden später in einem Bus nach Hause fahren. Ich wollte mit meinem Vater zurückkehren.

Zusammen besuchten wir noch die Gedenkstätte für die ermordeten Bürger von Altötting. Kurz vor Ende des Zweiten Weltkriegs erschoss ein SS-Kommando fünf Altöttinger Bürger. Sie hatten sich dafür eingesetzt, die NS-Herrschaft zu beenden. Damit wollten sie verhindern, dass die Nazis sich mit den heranrückenden amerikanischen Soldaten noch Kämpfe lieferten und dabei die Stadt zerstörten. Die Gedenkstätte war auch eine kleine Kapelle. Wieder fühlte ich mich in meiner Empfindung seltsam bestärkt, mutiger zu werden – auch andere Menschen hatten etwas riskiert. Nicht immer war es für sie von Vorteil gewesen, aber sie blieben ihren Ansichten treu. Genau das hatte ich in den vergangenen zwei Jahren und drei Monaten nicht machen können, deshalb hatte ich mich in meiner Haut nicht wohl gefühlt.

»Komm, wir gehen ins Wirtshaus«, unterbrach mein Vater meine Gedanken. »Nachdem wir die Seele gestärkt haben, müssen wir vor der Heimreise noch unserem Magen etwas Gutes tun. So ein rechter Schweinsbraten würde mir jetzt gefallen.«

Dem konnte ich nur zustimmen.

Am nächsten Tag, es war Pfingstmontag, hatte ich Muskelkater, grausamen Muskelkater. Kein Wunder, das ganze Jahr über tat ich nichts, was mit körperlicher Ertüchtigung zu tun hatte, und nun auf einmal drei Tage hintereinander. Das konnte nicht folgenlos bleiben.

Ich hatte wunderbar geschlafen, zwölf Stunden am Stück. Ein Traum jagte den nächsten, aber die auftauchenden Bilder hatten nichts Beunruhigendes, eher schien es, als würde sich mein Entschluss durch sie festigen.

Es sollte nicht länger als ein paar Tage dauern, bis ich meine Kündigung einreichte.

16
Mein Chef, der Sozialschmarotzer

Der Druck wurde immer größer.

Einer nach dem anderen wurde Opfer unseres Filialleiters.

Philipp wurde von Thomas Mädler an seiner Ehre gepackt: »Ich habe dafür gesorgt, dass Sie hier sind, dass Sie alle Seminare besuchen können. Und jetzt schreiben Sie endlich mal die richtigen Zahlen.« Ich hatte das Gefühl, dass keiner von uns die festgelegten Ziele erreichte. Von Julia wusste ich es, von mir ebenfalls. Nieland war bestimmt die einzige Ausnahme, das war ihm jedenfalls zuzutrauen. Vielleicht konnte da noch Manfred Deckstein mithalten, sicher war ich mir da aber nicht, da er in der letzten Zeit weniger selbstbewusst auftrat.

Als Philipp in mein Büro kam, schimmerten seine Augen verdächtig. Wortlos reichte ich ihm ein Taschentuch. Als zwei Tage darauf auch Julia mit geröteten Augen herumlief, kaufte ich in der Mittagspause eine Kleenexbox, die nach Bedarf herumgereicht werden konnte. Immerhin brachte uns diese Anschaffung wieder zum Lachen.

»Wenn wir nicht so ein gutes Team wären, dann wäre das hier überhaupt nicht mehr zu ertragen«, meinte Julia, als sie sich an diesem Tag noch dreimal an der Box bediente, die auf meinem Schreibtisch stand.

»Vielleicht sollten wir die Tücher vorne im Servicebereich aufstellen«, überlegte ich, »dann wissen die Kunden gleich, was hier Sache ist.«

»Ja, auf jedem Schalter eine«, stimmte mir Julia zu.

Als sie wieder in meinem Büro war, blickte ich nachdenklich auf meinen Kalender, der Fotos von Kindern aus aller Welt zeigte. Heute interessierten mich aber weniger die Bilder als die einzelnen Monate. Der Kauf der Kleenextücher war für mich ein Zeichen: »Jetzt geht es wirklich nicht mehr weiter.« Auch wenn ich durch meine Kündigung unser gutes Team zerstörte, ich wusste, wenn ich länger bliebe, brauchte ich selbst pro Woche eine ganze Packung von diesen Tüchern.

Meiner Mutter teilte ich am nächsten Morgen beim Frühstückstisch mit: »Bei der Bank werde ich nicht länger arbeiten, ich werde kündigen.« Ich sagte es in einem Tonfall, der keinen Widerspruch erlaubte.

Hinter ihrer Stirn arbeitete es, das war nicht zu übersehen.

»Wenn du das tust, dann gibst du einen sicheren Arbeitsplatz auf, das ist dir doch bewusst?« Dieses Argument hatte sie schon mehrmals hervorgebracht, immer dann, wenn ich ihr von meinen Problemen erzählte, aber dieses Mal sollte es mich nicht irritieren und mich nicht von meiner Entscheidung abhalten.

Ich nickte nur.

»Wahrscheinlich wirst du nie wieder einen solch sicheren und geregelten Job bekommen«, fuhr sie fort.

»Das ist möglich«, erwiderte ich. »Aber du musst dir keine Sorgen um mich machen, ich werde etwas anderes finden, etwas, bei dem ich glücklicher werde.«

Jetzt nickte sie. Sie hatte mein Leid mitbekommen, hatte meine Bauchschmerzen geteilt, und deshalb war es ihr auch nicht möglich, wirklich gegen meine Entscheidung zu sein.

In der Mittagspause erzählte ich Julia von meinem Entschluss. »Klasse«, sagte sie. »Wenn ich keine Familie hätte, keine Kinder, ich würde mich dir sofort anschließen. Aber ich bin nicht so frei wie du. Für dich ist ein Ausstieg nicht etwas, das dir Zukunftsperspektiven verbaut, sondern eher eröffnet.«

»Hoffentlich halten mich die anderen Kollegen nicht für eine Verräterin.« Davor hatte ich am meisten Angst, denn ohne sie hätte ich es kaum zweieinhalb Jahre in Neustadt ausgehalten. Ich wusste, dass ich viele von ihnen vermissen würde, mit ihren kleinen Eigenheiten, Sorgen und dem ständigen Wunsch, alles am Laufen zu halten, damit sich der Kunde wohl fühlte. Dafür hatten sie den Beruf ergriffen, dafür kämpften sie weiterhin und versuchten, die Fassade, so gut es ging, aufrechtzuerhalten, auch wenn das Gemäuer dahinter sich schon längst im Zerfall befand. Ich bewunderte sie für ihr unermüdliches Engagement, und ich wünschte mir, dass sie nicht irgendwann innerlich aufgaben und nur noch leidenschaftslos ihren Job verrichteten.

»Da musst du dir keine Sorgen machen.« Julia holte mich aus meinen Gedanken. »Die meisten werden deinen Schritt verstehen. Du wirst für sie diejenige sein, die es geschafft hat, sich zu befreien, stellvertretend für alle. Nein, nicht für alle, nicht für die Mädlers und Nielands.«

»Aber wie wirst du mit dem, was man von dir verlangt, weiter zurechtkommen?«

»Vielleicht gibt es eine Lösung. Ich habe mich gerade als Kreditsachbearbeiterin beworben.«

»Was heißt das?«, fragte ich.

»Ich werde die verschiedenen Kreditanträge der Kunden unserer Bank bearbeiten.«

»Aber das ist doch langweilig, ständig die gleichen Arbeitsschritte durchzuführen und keinen persönlichen Kundenkontakt mehr zu haben.«

»Vielleicht. Aber ich muss dann nicht mehr bestimmte

Ziele erreichen. Nie wieder bekomme ich eine Liste, auf der meine Stückzahlen und sonstige Provisionssummen stehen.«

»Und das gesteht die Bank dir einfach zu?«

»Na ja, einen Haken gibt es …«

»Wenn es nicht so wäre, hätte es mich auch gewundert«, sagte ich.

»Wenn ich als Kreditsachbearbeiterin anfange, muss ich wieder ganztags tätig sein. Aber da ich im Grunde gerne arbeite, werde ich schon alles irgendwie organisieren können – Hauptsache, mich quälen nachts keine Alpträume mehr. Ich hab's dir nicht erzählt, aber fast jede Nacht wache ich inzwischen von diesen Träumen auf. Bauern verfolgen mich mit ihren Mistgabeln, Bausparer bewerfen mich mit Steinen, Versicherungskunden setzen mich in Flammen. Es fühlt sich an wie die reinste Hexenjagd. Mein Arzt meinte schon, ich sei infarktgefährdet.«

Vorsichtig drückte ich Julias Hand. »Deine Kinder haben auch nichts von dir, wenn du durch den Job krank wirst.«

Anfang Juni ging mein Kündigungsschreiben an die Personalabteilung. Ich hätte laut meinem Arbeitsvertrag erst zum Ende des Quartals, also am 30. Juni, mein Tätigkeitsverhältnis lösen müssen, aber ich wollte nicht länger warten, wollte es endlich offiziell haben.

Nachdem ich das Schreiben aufgesetzt hatte, konnte ich tief durchatmen. Danke, Maria, sagte ich im Stillen – und meinte damit nicht nur die Muttergottes.

Nun musste ich noch Thomas Mädler persönlich die freudige Nachricht überbringen. Nicht, dass ich davor Angst hatte – er war sicherlich froh, mich los zu sein –, aber ich wollte dies als Chance nehmen, ihm nochmals zu verstehen zu geben, was für einen Druck die Bank auf ihre

Mitarbeiter ausübt. Er würde zwar nicht hinhören, aber ich hatte das Gefühl, dass mir eine Aussprache selbst guttun würde.

An dem Tag, an dem ich ihm meine Kündigung mitteilen wollte – es war ein Montag –, stand ich länger als sonst vor dem Spiegel. Ich sah blass und müde aus, die Augen wiesen dunkle Ränder auf. Die letzten zwei Nächte hatte ich nicht gut geschlafen; einfach etwas hinzuschmeißen – so war ich nicht erzogen worden. Und wenn ich mir auch all die vergangenen Situationen in Erinnerung rief, die mich belastet hatten, so waren sie keine Entschuldigung dafür, dass ich nicht gekämpft, nicht offen mit dem Betriebsrat gesprochen, nicht mit meinen Kollegen Veränderungen erwirkt hatte. Als besonders couragiert konnte ich mich nicht bezeichnen, aber mich gegen etwas aufzulehnen, hatte ich nie richtig gelernt, dafür war die Welt in meinem kleinen bayerischen Dorf wohl zu heil gewesen.

Immerhin hatte mich diese kleine Welt mit ihrem menschenfreundlichen Umgang dazu gebracht, nicht alles mit mir machen zu lassen. Rücksichtslosigkeit war und ist nicht das, was bei uns im Dorf zu den positiven Charaktereigenschaften gezählt wird. Sicher, um kleine Vorteile ist jeder einmal bedacht, aber letztlich verstehen sich die Dorfbewohner als eine Gemeinschaft von Leuten, die sich bei den Festen in die Augen schauen möchten und die Traditionen noch schätzen. Und zu den Traditionen zählt eben auch der respektvolle Umgang miteinander.

Thomas Mädler schaute erstaunt auf, als ich sein Büro betrat und ihn fragte, ob er eine Minute Zeit für mich hätte. Da ich in den vergangenen Monaten einen großen Bogen um ihn gemacht hatte und in der Regel nur er mich aufsuchte, um mich zu kontrollieren, war sein fragender Gesichtsausdruck nur verständlich.

»Ich habe meine Kündigung eingereicht«, sagte ich. Meine Stimme war ganz ruhig.

»Ach«, erwiderte Mädler auf meine Neuigkeit. Er wirkte etwas überrascht, wahrscheinlich hatte er nicht damit gerechnet, dass ich einen solchen Schritt wagen würde. Letztlich war es für ihn eine kleine Niederlage, da ich freiwillig ging und nicht von ihm gegangen wurde. Doch schon im nächsten Moment hatte er sich wieder gefasst: »Dennoch erwarte ich in den verbleibenden Wochen den vollsten Einsatz. Sie werden weiterhin Ihre Zielvorgaben zu erfüllen haben, und Sie vereinbaren immer noch Kundentermine, um so dem Team bei der Umsatzsumme zu helfen. Gleichzeitig werden Sie die Kollegen, die Ihre Arbeit fortführen werden, in Ihre Aufgabenbereiche einarbeiten.« Ich wusste, dass es hauptsächlich Julia und Philipp waren, aber auch zwei Auszubildende. »Sie schreiben Ihnen Arbeitsanweisungen«, fuhr Mädler fort, »und dass Ihnen dabei bloß kein Fehler unterläuft.«

»Wollen Sie gar nicht wissen, warum ich gekündigt habe?«, fragte ich nun.

»Sie werden Ihre Gründe haben«, meinte der Filialleiter. »Ihre persönlichen Motive interessieren mich nicht.«

»Vielleicht sollten Sie sich aber dafür interessieren. So wie die Bank hier mit den Menschen umgeht, das ist erschreckend. Irgendwo in den großen Investmenthäusern werden irgendwelche Papiere und Fonds zusammengebastelt, die von den Vorständen der Volksbanken, Sparkassen und anderen Geldinstituten für Millionen von Euro gekauft werden, allein um sie wieder unter höchstem Vertriebsdruck an die privaten Sparer zu verscherbeln. Das hat nichts mit den Wünschen der Kunden zu tun. Wer von uns Mitarbeitern die beste Show abziehen kann, wer ein begnadeter Selbstdarsteller ist und wer dazu in der Lage ist, Sprechblasen am laufenden Band – ja sogar Lügen – von sich zu geben, der hat Chancen, hier Karriere zu machen. Die Trickkiste der Banken wird immer größer, und immer perfider werden die Strategien, um die angestrebten Ziele zu erreichen, gerade weil es den Kollaps von Lehman Brothers gegeben hat. Aber die Westen der Banker sind längst nicht mehr weiß, das müssen Sie doch auch mitbekommen haben. Weiter immer mehr Geld aus den Kunden herauszupressen, das sie anlegen sollen, um am Ende möglicherweise mit einem Verlust dazustehen – ist das jetzt gerade nach dem Crash nicht Irrsinn? Können Sie diese Verantwortung überhaupt tragen? Sie vermehren nicht die Guthaben der Sparer, Sie vermehren nur das Vermögen der Banken. Nichts hat sich geändert. Die Menschen werden ausgepresst wie Zitronen.«

Ich musste mich selbst stoppen, es reichte. Thomas Mädler war einer der Sozialschmarotzer, der unter einer besonderen Form von »Selbsttäuschung« litt, da hatte es keinen Zweck, sich weiter zu verausgaben.

Mein Chef schaute mich an, als wäre ich eine lästige Fliege. Ich sah ihm an, dass er überlegte, wie er mich schnellstens abschütteln konnte, ohne dass ich eine Schmutzspur auf seinem blütenreinen Hemd hinterließ.

»Ich weiß nicht, was Sie für Probleme haben. Wenn es Ihr Wunsch ist, hinter dem Mond zu leben, dann ist das Ihre Entscheidung. Wenn Sie sich nicht mit Ihrem Beruf identifizieren können, dann ist das hier wirklich nicht der richtige Ort für Sie. So, und jetzt machen Sie sich wieder an die Arbeit, in den vergangenen Minuten hätten Sie einen Kunden telefonisch kontaktieren können, mindestens.«

Damit war das Gespräch beendet. Kein nachdenkliches Wort darüber, dass vielleicht doch einiges in unserem Bereich unnötig riskant und rücksichtslos sein könnte. In Thomas Mädlers Welt existierten diese Begriffe nicht, da war eben alles nur lukrativ.

Ich hatte eine weitere Bestätigung dafür bekommen, warum ich nicht weiter Kunden »anwerben« wollte. Der einzige bittere Nachgeschmack war, dass ich mit meinem Ausstieg wenig bewirkte. Die Finanzinstrumente, die Banken nutzten, um mit dem Geld von Privatleuten zu jonglieren, würden sich nicht ändern. Mehr Realismus bei den Zielvorgaben musste wohl eine Wunschvorstellung bleiben.

Epilog

Einst dachte ich, dass ich einen tollen Beruf ergriffen hätte, bei dem ich Menschen freundlich und gut behandeln kann und wo auch ich freundlich und gut behandelt werde – bis ich die Erfahrung machte, dass dies nur die Kulisse war. Unter dem Deckmantel der Freundlichkeit und der ewigen Litanei, nur das Beste für den Kunden zu wollen, wurden und werden Wertpapieranlagen verkauft, die der Bank Gewinne bringen, nicht aber dem Sparer. Alles wurde in meiner Bank schöngeredet – und anfangs fiel auch ich darauf herein.

Es gibt Versuche, einzelne Verkaufsaktionen weniger brisant zu gestalten. So gab es den Vorschlag, es zu verbieten, dass strukturierte Papiere, die eine Bank vielleicht für fünf Millionen Euro gekauft hat, nach einem bestimmten Schlüssel auf die einzelnen Geschäftsstellen verteilt werden. Dadurch sollten die Filialen vor dem extremen Weiterverkaufszwang bewahrt werden. Es gab außerdem die Überlegung, nicht mehr die täglichen Verkaufszahlen einer Bank, bezogen auf die einzelnen Berater, herunterzurechnen. Auf diese Weise sollte der interne Wettbewerb eingestellt werden, und damit das öffentliche Vergleichen der Mitarbeiter. Ich weiß, dass man in unserer Bank letztere Maßnahme tatsächlich vornahm, der erste Vorschlag blieb aber Theorie.

Doch das hat noch nichts am Provisionssystem geändert. Der Druck, der dadurch bei den Mitarbeitern geschaffen wird, führt nicht dazu, dass der reale Bedarf des Kunden ermittelt wird. Da heißt es immer noch: »Wir haben dieses und jenes Budget, das müsst ihr loshauen. Ruft die guten Kunden an.« Dieses Vorgehen kann nur geändert werden, wenn die Berater sich selbst zu Lösungen ermuntern. Wenn man alles schönredet, wenn man glaubt, dass alles nur zum Besten des Kunden ist, dann wird dies zur Wahrheit.

Im Dezember 2009 veröffentlichte die Gewerkschaft ver.di eine Umfrage, in der insgesamt 3800 Mitarbeiter aus Großbanken, Sparkassen und Volks- und Raiffeisenbanken befragt wurden. Die Berichte wurden anonym veröffentlicht. In einem hieß es: »Bei uns wird dreimal täglich die Zielerreichung controlled. Die Ziele sind genauso hoch wie vor der Finanzkrise, also auf ehrlichem Beratungsweg nicht erreichbar.«[3]

Nach meiner Kündigung habe ich das Abitur nachgeholt. Seit einigen Monaten studiere ich in Österreich Medizin. Wenn ich mit meinem Studium fertig bin, werde ich anderen Menschen helfen können, so wie ich Tante Cilli geholfen habe. Ich hoffe, dass ich mich dann mit meinem Beruf mehr identifizieren kann – Thomas Mädler hat richtig erkannt, dass mir dies vorher nicht möglich war.

Die Kündigung war die richtige Entscheidung.

Julia hat ihren Job als Kreditsachbearbeiterin bekommen.

Philipp ist ausgestiegen, er will Sozialwissenschaften studieren.

Maximilian ist kurz davor, seine Kündigung einzureichen.

---

3 Detlef Esslinger: Das Bankgeheimnis, a.a.O.

Dank

Danken möchte ich meinen Eltern, die mich so erzogen haben, dass ich an das glauben kann, was sie mir auf den Weg gaben, als sie mir als kleines Mädchen ein Sparschwein schenkten. Danken möchte ich auch meinen einstigen kollegen, mit denen ich den Kummer weglachen konnte.

Bei der Recherche haben Thomas Hammer, der Rechtsanwalt Matthias Nittel in Heidelberg, die Verbraucherzentralen in Nordrhein-Westfalen und Baden-Württemberg – dort besonders Niels Nauhauser – sowie Sabine Bauer von der Landesgeschäftsstelle ver.di in Hamburg geholfen. Ihnen einen großen Dank für ihre Unterstützung.

Susanne Schmidt

Markt ohne Moral

Das Versagen der internationalen Finanzelite

Die Finanzkrise hat die Welt an den Rand des Abgrunds geführt. Nur ein international koordiniertes Vorgehen konnte den Kollaps der Weltwirtschaft verhindern. Doch weil die gigantischen Verluste mit Milliardensummen ausgeglichen wurden, hat die öffentliche Hand mit hoher Wahrscheinlichkeit die Grundlage für die nächste, schlimmere Krise gelegt. Susanne Schmidt mahnt einschneidende internationale Regeln für die Finanz- und Börsenplätze an, denn dort fahren die Handelnden fort, als sei nichts gewesen. Die Finanzelite spielt weiter russisches Roulette auf einem Markt ohne Moral.

»Eines der spannendsten Wirtschaftsbücher des vergangenen Jahres.«
Aus der Begründung der Jury zur Verleihung des Deutschen Wirtschaftsbuchpreises.

Knaur Taschenbuch Verlag

Bernhard Moestl

Die 13 Siegel der Macht

Von der Kunst der guten Führung

Macht ist kein Gipfel, der bestiegen und besetzt werden kann, sondern eine permanente Gratwanderung. Nur wer im Gleichgewicht lebt, vermag auf Dauer zu führen und die Macht zu nutzen.
Bernhard Moestl, ein vorzüglicher Kenner der ostasiatischen Philosophie, nimmt sich des Themas mit der ruhigen Klarheit chinesischer Weisheit an. Er zeigt, warum ein bewusster und verantwortungsvoller Umgang mit Macht der einzige Weg ist, sie auf Dauer zu behalten. Schritt für Schritt eröffnet er 13 Siegel und somit das Wesen der Macht, ihre Stärken, aber auch ihre Gefahren. Anhand zahlreicher anschaulicher Beispiele gewinnt der Leser das Verständnis für die wichtigste Anwendung von Macht: die Kunst der nachhaltigen, erfolgsorientierten und guten Führung.

Knaur